介護職スキルアップブック

手早く学べてしっかり身につく！

介護現場の
アンガーマネジメント

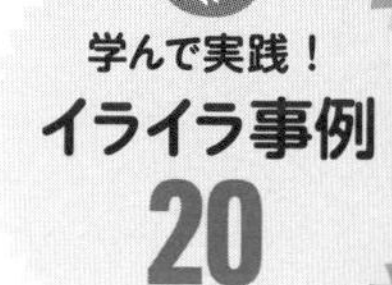

生活と福祉マインド研究室 主宰／
アンガーマネジメントファシリテーター
梅沢佳裕 著

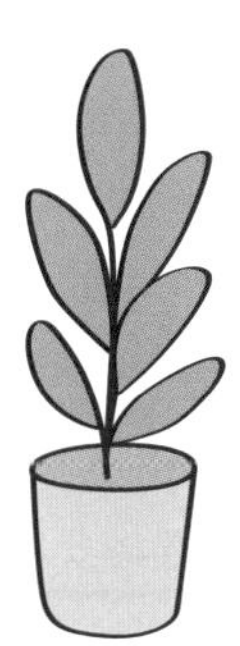

秀和システム

はじめに

「6秒ルールとかって、やっています！」

これは筆者が手がけたある研究の中で、インタビュー調査にご協力くださった介護職の方の言葉です。

今、福祉現場では、アンガーマネジメントという言葉が広がりを見せています。筆者もこの研究に着手する以前から、アンガーマネジメントという言葉自体は耳にしていました。しかし、それが具体的にどのような実践なのか、そして実際にどのような場で活用されるべきものなのか、あまり理解できてはいませんでした。

筆者が大きく関心を寄せるきっかけになったのは、自身が手がけた高齢者虐待防止に関する研究の中で行ったインタビュー調査でのことでした。異なる特別養護老人ホームに勤務する介護職の方数名が、表現は違っていても、みなアンガーマネジメントにつながる実践を行い、イライラ感情と向き合おうとしていることに気づかされたのです。

介護現場は、規定の人材で数的には満たされていたとしても、その多忙さ・業務の煩雑さは減るどころかますます増加する傾向にあります。高いレベルでの対応が求められ、感情労働に疲弊してストレスをため込んでいる介護職は少なくありません。

これまでの先行研究ならびに筆者自身の研究によると、高齢者虐待の要因の１つとして、苛立ち・怒りなどイライラ感情が生起して感情コントロールが不能となることで虐待に及ぶという調査結果があります。アンガーマネジメントは、このようにストレスフルな介護職にとって感情コントロールの大事な手段であり、実践方法の１つではないかと考えています。

この瞬間も介護現場で利用者と向き合い、業務にあたっておられる介護職の皆さまに、拙著をぜひ役立てていただき、怒り・イライラ感情と上手に向き合いながら業務を続けていただけることを願っています。

2023年10月
梅沢　佳裕

目次

第2章 怒り感情と上手に向き合おう

第3章 事例でわかる！ 介護現場でよくある怒り・イライラ場面への対処法

第4章 職場で取り組むアンガーマネジメント

第5章 対人トラブルを防ぐコミュニケーション術

登場人物紹介

序章である第０章と、第３章の事例に登場する人物を紹介します。

特別養護老人ホーム秀和苑

●スタッフ

施設長

関心はコストカット。経営者視点でものを言うため、ときに職員から反感を買うこともある。

遠藤さん（介護主任／ 40 代・介護職歴 13 年）

ちょっと頼りない介護主任。職員への申し送りを忘れたりする。

田中さん（介護職／ 30 代・介護職歴 10 年）

ベテラン介護士。理想の介護に燃えているが、その分周囲へのあたりもキツめ。

長嶋さん（介護職／ 30 代・介護職歴 3 年）

介護業務にマンネリ感があり、業務多忙で嫌気がさすこともある。

横山さん（介護職／ 20 代・介護職歴 1 年未満）

新人スタッフ。お調子者で無神経なところあり。

早川さん（介護職／ 20 代・介護職歴 1 年未満）

新人スタッフ。まじめだが仕事の覚えが悪く、なかなか要領がつかめないのが悩み。

●利用者とその家族

太田さん

高田さん

水野さん

山川さん

浜田さん

山川さん家族

浜田さん家族

秀和デイサービスセンター

●スタッフ

瀬川さん（デイサービス介護職／ 30 代・介護職歴 8 年）
実務経験はあるがいつも多忙でイライラ、ピリピリ。

光浦さん（看護師／ 30 代・看護師歴 10 年）
権威的な態度で介護職に接する怖い存在。

●利用者

北島さん

三井さん

ヘルパーステーション秀和

●スタッフ

吉村さん（ホームヘルパー／ 40 代・ヘルパー歴 6 年）
介護に熱意がありやる気満々、まじめで少し融通がきかないところも。

●利用者とその家族

大野さん

大野さん家族

介護現場のイライラあるある①

0-1 利用者に振り回されてイライラ！

皆さんは、はじめて介護という仕事に就いた日を覚えているでしょうか。さまざまな夢や希望を抱き、飛び込んだ世界。ところが来る日も来る日も業務に追われて、いつしか毎日がイライラ、ムカムカの日々に……なっていないでしょうか？

新人介護職の横山さんのある日の仕事風景

横山さんは、毎日たくさんの業務に追われていました。

横山さん

あ～今日もやることいっぱいだなぁ……。午前中に、太田さんと佐藤さんのお部屋整理しておかないと……。その前にオムツ交換、オムツ交換っと……。
加藤さ～ん、おはようございます！　オムツ交換のお時間ですよ～

横山さんは、加藤さんのオムツ交換を始めた。すると……。

遠藤主任

ちょっとすみません！　横山さん、高田さん見かけませんでしたか？　居室に行ったらいなかったんです！　リビングにもいないし……

横山さんも急遽、オムツ交換の途中で対応に当たることに。そして、高田さんが他の利用者の部屋に入り込んでいたところを発見！

遠藤主任

見つかってよかった……。横山さん、業務の邪魔をして悪かったね。
時間押しているから、ちょっと急いでね！

うわ～、もうこんな時間になってる！　やばい、急がなきゃ！
まだ太田さんと佐藤さんのタンス整理もあるのに！

忙しいときに限って利用者の対応が重なる……

業務が滞ってしまうと、他のスタッフに迷惑がかかってしまう。横山さんはそんな焦りを感じながら日々介護業務に追われていた。

あら、太田さんからコール……。
太田さん、どうしました？

トイレに行きたいので、ちょっと来てください

太田さん、さっきもトイレに行って出なかったけど、また行きたいの？
ちょっと待っていてくださいね。佐藤さんの介助が終わったら行きますからね……

横山さんは急いで佐藤さんの居室へ向かうが、途中で高田さんに呼び止められた。

おぉちょっと介護士さん、妻が面会に来るって連絡なかったかい？　もう１週間も経ってるんだが……

高田さん、この前も同じことを言ってたでしょ！
奥さんは用事で来られなくなったんだってば！（カチン）

忙しいときに同じことを聞かれてイライラした横山さんは、つい声を荒げて高田さんに返答してしまった。

横山さん

業務をこなすどころか、次々とたまっていってる……！
これじゃ午前中にオムツ交換すら終えられないかも……
イライラする〜！

怒り・イライラ感情はどのようなときに湧き上がる？

新人介護職の横山さんの事例を、皆さんはどのように受け止めたでしょうか。「あるある」と頷きながら共感された方も多いでしょう。

日頃から介護業務を担っている皆さんにとって、利用者とのこのようなやりとりは、何度も経験したごく日常的な場面ではないかと思います。ただ、この場面の捉え方・感じ方は介護職によって個人差があるのではないでしょうか。毎日変化に富んでいて楽しい、とやりがいを感じる人、仕事なのだから、好きも嫌いも特に何も感じない（しょうがない）と思う人、毎日利用者に振り回されて思うように仕事がはかどらずイライラすると感じる人……。おそらくこのような状況では、イライラしてしまう人が少なくないと推測されます。

さて、この「怒り・イライラ」という感情ですが、皆さんはどのように取り扱い、対処しているでしょうか？　介護という仕事では、さまざまな場面でこれらの感情が湧き上がってくると思われます。「怒り・イライラ」といった感情がどのようなときに湧き上がるのか注目しながら、次の事例へと歩を進めてみることにしましょう！

介護現場のイライラあるある②

0-2 新人職員が指示した業務を行ってくれずにムカッ!

介護という仕事には、チームワークが求められます。1日の業務がスムーズに進められるように、介護リーダーは常に全体の動きやスタッフ個々の様子に目を光らせなければなりません。しかし介護スタッフのスキルにはそれぞれ個人差があるため、介護リーダーの思い通りには業務が進まないこともあります。

介護主任・遠藤さんのイライラ

遠藤主任は朝礼の後、横山さんを呼び止めた。

遠藤主任

ああ、ちょっと横山さん、そろそろ半年になるけど、まだ業務が徹底できていないみたいですね。前にも何度もお願いしているけど……

すみません。頭ではわかっているんですけど、つい忘れてしまって……

横山さん

横山さんは、悪びれることもなくペコリと頭を下げた。

遠藤主任

先日の入浴介助のことですけど、事前の準備がまったく徹底されてなくて、利用者さんを全裸で待たせることになったって報告を受けました！
前にも徹底お願いしますって言ってありましたよね！

すみません、忘れてしまいました。滑り止めマットを敷くのも忘れてしまって……

横山さん

なんで何度言ってもできないんですか!?　反省が足りないんじゃない!?

すみません……（何よ！　反省してるわよ！　忙しすぎるのがいけないのよ！）

業務中の私語にイライラ

介護士の長嶋さんと横山さんが、利用者そっちのけでおしゃべりに花を咲かせている。

ねえ横山さん、○チャンネルの夜9時からのドラマ観てる？
面白いよねー。今週どうなるんだろ？

観てますとも！　私もめっちゃ楽しみにしてるんですよ～

ちょっと、長嶋さん横山さん、太田さんが席から１人で立ち上がっているじゃないですか！
井戸端会議もいいけど、しっかり利用者の見守りをしてくれないと！（イライラ）

しばらくののち、ステーションにて再び長嶋さんと横山さんが話し出す。

さっきのドラマの話だけど、いよいよ今日犯人がわかるんじゃない!?
今日は早く家に帰らなきゃね！

また長嶋さんと横山さん！　利用者の前で大きな声で私語はダメでしょ！
仕事中だよ！　場所をわきまえて！

んもーーーちょっとくらい大目に見てくださいよ！
この前頼まれたシフトチェンジ、引き受けたじゃないですか！

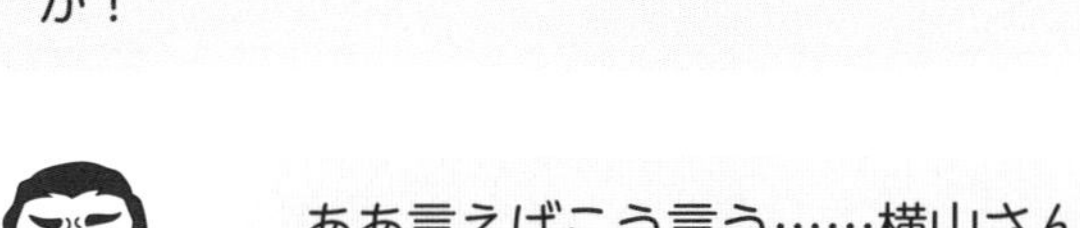

ああ言えばこう言う……横山さん、反省するどころか逆切れか！

職場の対人関係のイライラを放置しない

横山さんの上司である遠藤主任は、部下の業務の進め方に対してムカムカしてしまいました。また横山さんも上司からきつく注意を受けたことが面白くない様子です。

仕事では大なり小なり、上司と部下や同僚同士の間で対人トラブルが生じることがあります。しょうがないと腹をくくり、業務にあたる必要もあるのですが、イライラ感情を抱いたままの状態で放置しておくと、それがストレスとなり徐々に蓄積され、予期せぬ不調和を引き起こしてしまうこともあります。皆さんの内面に生じた怒り・イライラという感情はそのままにせず、しっかりと対処する必要があるのです。

さて、それではどのようにして対処するのか、第１章から順を追って確かめてみましょう。

Column

介護という仕事―感情労働―

私たちは仕事をする中で、さまざまなストレスを受けています。対人援助の仕事を行う介護職も、利用者などと接することで少なからずストレスをため込んでいます。

皆さんは「感情労働」という言葉を知っているでしょうか？「感情労働」とは、アメリカの社会学者ホックシールドが定義した労働の１つで、肉体労働・頭脳労働に次ぐ第三の労働とされており、利用者とのコミュニケーションを通じて、自身の感情を抑制したり相手に働きかけたりすることで心身の安定を促進する心理的活動のことです。介護という仕事は、看護や保育などと同様に感情労働であるとされています。

感情労働の担い手である介護職は、利用者と日々向き合いながら、多様なニーズに即した対応を求められています。介護保険制度の導入にともない、利用者の選択の自由が約束されたことで、介護施設などはサービスの質が問われることになり、介護職もこれまで以上にスキルアップの必要性が高まりました。

介護職は繁多で煩雑な業務の中で、利用者とその家族からのさまざまな求めに臨機応変に対応しなければなりません。このような感情労働は、非常にストレスを抱えやすいという指摘があります。

また、介護という仕事は、プライベートで嫌な出来事やイライラするようなこと、悩んだり迷ったりする問題を抱えていたとしても、それを業務に持ち込むことはできません。つまり心ではイライラ・クヨクヨしていたとしても、表情や態度は明るくしなければならないという心と体のズレが生じ、ジレンマを生んでしまうのです。

こうした矛盾が日々蓄積していくことで大きなストレスとなり、介護業務中でも怒りっぽくなったりイライラしてしまったりするなど、マイナス感情を生みやすくなるといわれています。介護職として業務を行うということは、仕事のスキルアップだけではなく、まずメンタルヘルスの知識も身につけ、介護という仕事がどのような職業なのかよく理解しておくことも大切ではないかと思います。

第1章 アンガーマネジメントを理解しよう

1-1 なぜ介護職にアンガーマネジメントが必要とされるの?

介護職は、利用者だけではなく職場のスタッフとの人間関係などによってストレスを抱えやすいため、上手な感情のコントロールを身につけることが大切です。

介護業務にはイライラ・ムカムカ・カチンがいっぱい

皆さんは、介護業務の勤務中にイライラ・ムカムカしたり、カチンときたことはありませんか。

もちろん仕事だけではなく、日常生活のさまざまなところで、人は、何かしらの感情の起伏を感じることがあると思いますが、もしイライラ・ムカムカしたりカチンときてしまったとき、皆さんはどのような行動をとるでしょうか。そのままジッと耐え忍ぶという人、その怒りを他人やモノに思いっきりぶつけてしまうという人、苛立ち・イライラ感情にどうにかして対処しようとする人。方法はまちまちですが、いったん苛立ってしまうと、そのまま普段通りの穏やかな状態ではいられなくなるでしょう。

職場でそのような事態にしばしば見舞われるというのであれば、あなた自身もよい業務を行えなくなりますし、周囲の関係者もそんなあなたから影響を受けて同様に苛立ち・イライラ感情を持ち始めてしまうかもしれません。

介護職は利用者のその時々の意向を把握し、状況に合わせて感情をコントロールしつつ、利用者と向き合っていくという専門職です。つまり自分ではなく利用者である相手を中心に業務を組み立てていくという、とても繊細な感情の動きを必要とする職業ということになります。

周囲の動き、出来事に意識を集中し、さまざまな業務を行ういわゆるマルチタスクを求められるため、感情をすり減らしてしまうスタッフも少なくありません。

アンガーマネジメントで苛立ち感情と上手に向き合おう

このように、介護業務には大変なストレスを伴うことが危惧されます。イライラ・ムカムカしたりカチンときてしまうと、どうにも抑えがきかなくなり、自身の感情をうまくコントロールできなくなってしまう危険があります。しかし、自分の感情とまったく向き合おうとせず、思うがまま、感じたままに怒りを爆発させてしまったら、例外なく職場の関係者や利用者との折り合いが悪くなることでしょう。

そこで知っておいていただきたいのが、苛立ち・イライラ感情と上手に向き合うための方法である**アンガーマネジメント**です。アンガーマネジメントは1970年代のアメリカで発展し、日本でも近年ようやく、企業や教育現場などで実践され始めています。

アンガーマネジメントは、業務の多忙さや煩雑さからイライラしがちな介護職、介護現場だからこそ、非常に有効な対処技術となるはずです。利用者から対応中に理不尽なことを言われたり、家族から対応しきれないような強い要求をされたり、同僚・上司との関係など、さまざまなところにイライラ・ムカムカ・カチンのきっかけは潜んでいます。そのようなとき、もしアンガーマネジメントを知っていたら、これまでのように感情のままに行動してしまうということがなくなるかもしれません。

ここがポイント

- ☑ 人は、日常生活や仕事の中でさまざまなことがきっかけでイライラ・ムカムカしたり、カチンときてしまうことがある。
- ☑ 介護業務では、利用者の意向を把握しそれに合わせて感情を働かせた対応をする必要があるため、仕事にストレスを感じやすい。
- ☑ 介護職はアンガーマネジメントを活用して、自身の苛立ち・イライラ感情と上手に向き合うことができる。

演習

1-2 怒ることのメリット・デメリットを知ろう

介護業務を行う中で感じたイライラ・ムカムカ・カチンなどの怒りという感情には、デメリットだけではなくメリットもあることを知っておきましょう。

怒ることのメリットとデメリットを考えてみよう！

おそらく多くの方が、「怒り」という感情を自らコントロールすることに大変な困難を感じているでしょう。と同時に、他人に怒りを露わにするのはいけないことだと感じている人も多いと思います。

演習の前にあまり多くを述べてしまうと、その言葉に引きずられてしまうため、解説はこれくらいにします。下記の枠の中に、**怒ることのメリットとデメリット**を思いつくままに記入してみましょう。

メリット

デメリット

怒ることはデメリットばかりではありません！

いかがでしたでしょうか。怒ることのデメリットはともかく、メリットはなかなか思い浮かばないという方も多いのではないでしょうか。

「怒ることはよくない」と考えがちですが、それは正解とはいえません。のちほど詳しくお話ししますが、アンガーマネジメントは怒らなくするための方法ではありません。**怒るという感情はあってもよいのです**。そのことの確認のために、この演習に取り組んでいただきました。

デメリットの例は、「相手を嫌な気持ちにさせる」「不快にさせる」などがあります。ではメリットには何があるでしょうか。たとえば、「怒ることでスッキリする」「ストレス発散になる」ということはメリットではありません。なぜならそれは相手に害を及ぼすからです。

メリットの例は、「怒ることで真剣さを相手に表現することができる」「パワーを発揮し行動に移す動機となる」などがあります。もちろん皆さんが閃いた答えはほかにもあるはずです。

ここがポイント

- 怒るのはよくないことではないかと思っている人がたくさんいる。
- 怒ることにはメリットもデメリットもある。
- 相手に害を及ぼすことは、怒ることのデメリットとなる。

演習

1-3 怒ったことを覚えていますか?

怒っていることは自分で感じられるとしても、怒りや苛立ちなどの感情は目に見えません。「怒り」とはどのようなものか、思い出したことを書き出して言語化してみましょう。

自分の怒り感情は捉えにくいもの

皆さんは、業務中に感じたイライラ・ムカムカ・カチンといった感情を覚えているでしょうか？　これらの感情は何かの瞬間に不意に湧き上がることが多いため、時が経つにつれて、どのくらいの怒りだったか、はっきりと思い出せなくなるのではないでしょうか。

アンガーマネジメントに取り組むにあたり、まずは**自分の「怒り」という感情がどのようなものだったのか、客観的に捉えてみる**ことが非常に重要な作業となってきます。

怒りという感情は目に見えず、なかなか捉えにくいものだからこそ、どのような怒りだったのかを冷静に振り返ってみることにしましょう。

1週間の怒り感情を振り返ってみましょう

右ページに、**①軽くイラっとした、②まあまあイラっとした、③すごく頭にきた**、の 3 つの枠があります。あなたの過去 7 日間を振り返ってみて、「あぁ、あのときイライラしたなぁ」ということを思い出し、それが①から③のどのレベルの怒りや苛立ちだったのか、当てはまるところに書き入れてみましょう。あまり迷わず、直観的に書き入れてみてください。

▼**あなたの感じた怒りの振り返り**

①軽くイラっとした

②まあまあイラっとした

③すごく頭にきた

ここがポイント

- 自分の「怒り」という感情は目に見えないため、うまく捉えにくい。
- 自分の怒りという感情がどのようなものだったのか、振り返ってみることがとても大事。

1-4 アンガーマネジメントは「怒らなくする方法」ではない

皆さんは、アンガーマネジメントに取り組むことで「怒らなくなる」と思っていませんか？　アンガーマネジメントとは、怒りをなくすこと、怒らなくすることが目的ではありません。

怒る必要のあること・必要のないこと

怒ることにはメリットとデメリットがあることを、演習を通して確認してきました。そして、「怒ることでスッキリするため」や「ストレス発散になるため」など相手に害を及ぼすようなことをメリットと考えてしまうのは、誤った怒り方だということも確認しました。

アンガーマネジメントは、それを行うことで「怒らなくなる」のだと考えている人も少なくないのではないでしょうか。しかし、それは誤解です。先にも述べた通り、怒ることにもメリットがあります。アンガーマネジメントの目指すところは、怒りをなくする、あるいは怒らなくすることではありません。**「怒る必要のあること」に対しては上手に怒ることができるようになること、そして「怒る必要のないこと」には怒らなくてすむようになることが、アンガーマネジメントの目的なのです。**

「怒る必要のあること」に上手に怒ることができるということは、介護現場の利用者やその家族、ケアチームの上司や同僚、関係者などを傷つけず、もちろん自分自身や周囲のモノも傷つけずに、怒りという感情を上手に相手に表現し伝えることができるということです。

「アンガー」と「マネジメント」

アンガーマネジメントは、「アンガー」と「マネジメント」という言葉から成り立っています。「アンガー」は日本語では「怒り」、「マネジメント」には「管理」「処理」「経営」などの意味があります。しかし（一社）日本アンガーマネジメント協会では、怒りによって後悔しないことと理解しています。

アンガーマネジメントとは何かというと、「怒る必要のあることには上手に怒る」「怒る必要のないことには怒らなくてすむようになる」ことであり、「怒りをなくすこと」でも「怒らなくなること」でもないのです。

▼アンガーマネジメントとは

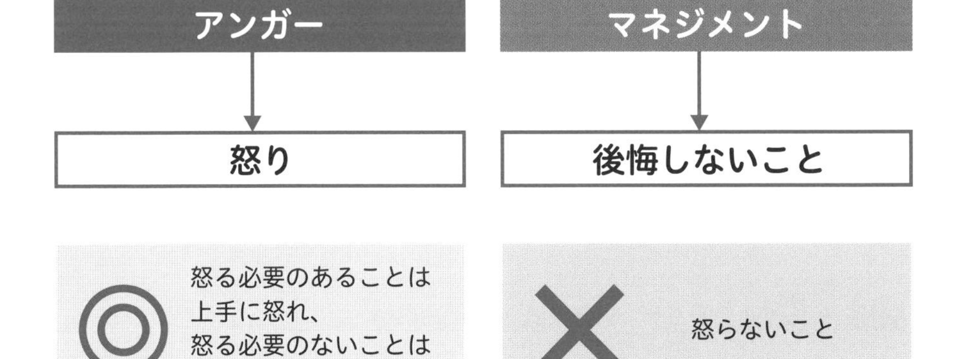

Ⓒ一般社団法人日本アンガーマネジメント協会

- ☑ アンガーマネジメントとは、「怒る必要のあることは上手に怒る」「怒る必要のないことは怒らなくてすむようになる」こと。
- ☑ アンガーマネジメントの「アンガー」とは怒りであり、「マネジメント」とは後悔しないこと。

1-5 怒りとは何か

人は何かあると怒りを感じ、その怒りの感情を他者に伝えようとします。怒りという感情は、何のためにあるのでしょう。

怒ることは人として自然な感情

怒りとは**防衛感情**の１つとされます。怖い思いをしたり、危ない目に遭ったり、身に迫る脅威を感じると、人は身を守るために怒りという感情を生起させるといわれています。怒ることは決して悪いことではなく、人が生きていくためには、むしろ必要な感情の１つです。怒りという感情をエネルギーに変換して、怒りを正しく表現することが大切です。

▼怒りとは

感 情	人間にとって自然な感情の１つ 怒りのない人はいないし、なくすことも不可能
機能・役割	身を守るための感情（防衛感情）

©一般社団法人日本アンガーマネジメント協会

ここがポイント

☑ 怒るのは決して悪いことではなく、人が生きていくためには、むしろ必要な感情の１つ。

1-6 怒りは親しい人に対してほど爆発しやすい

「怒り」という感情は、自分との心の距離が近い人、親しい間柄の人にほど増幅されることがあります。利用者と適度な距離感を保つことが非常に大切です。

怒りの強度は相手との関係性によって違う

「怒り」という感情は、誰にでも湧き上がることがありますが、怒りの強度は相手によって少し違ってくるようです。**自分との心の距離が近い人、親しい間柄の人に対するほど、より強い怒りを感じやすくなっていきます。**まったく関係のない他人の言動ならたいして気にならないことでも、家族や職場の同僚など身近な人の言動になると、気になってしまうというものです。

介護場面でも同じことがいえます。新規の利用者にはあまりイライラしないことであっても、長期にわたってかかわってきた利用者に対しては、ついイライラ・ムカムカしたりカチンときてしまうことがあります。

介護職と利用者は、接する時間（期間）が長ければ長いほど、互いの信頼も深まります。もちろん信頼関係には個人差がありますが、介護職は自分が頼りにされることで、その業務にやりがいを感じるものですので、介護者 - 被介護者の関係性について過剰な思い込みをするあまり、利用者を支配しているのではないか（上下関係）という誤った捉え方に陥ってしまうことがあるようです。

心の距離が近くなりすぎると、お互いによい意味で「遠慮」がなくなります。介護者 - 被介護者の関係性に基づいた権威的な行動が目立つようになります。そのため介護者は何かあるたびに苛立ってしまい、自身の感情コントロールが困難な状態に陥ってしまう危険性もあるのです。

自分を中心にした視点ではなく利用者を中心に

介護業務はチームケアで行っていますが、実際に利用者の介助をするときは、自分が利用者と１対１で向き合い、個別にかかわっています。

業務の大きな流れは、たとえば午前は入浴介助やリハビリ、昼食をはさんで午後は余暇活動など、大まかなマニュアルがあります。それに沿いつつ、利用者各自が各々の意向に合わせて自分の生活を織りなせるように、個別ケアを行います。

人は自分を中心にして考えることで、関係性の全体像が見えにくくなり、利用者がチームでかかわる存在であることを見失ってしまいます。より親しい関係性になればなるほど、遠慮というものが失われてしまい、相手の言動に感情が揺さぶられやすくなり、冷静な判断ができなくなってしまう心配があるのです。

新規の利用者にはイライラしないのに、長期利用の利用者にはなぜかカチンときてしまうという経験のある人は、近くなりすぎた利用者との心の距離を補正することが必要ではないかと思います。

- ☑ 自分との心の距離が近い人、親しい間柄の人にほど、より強い怒りを感じやすくなる。
- ☑ 長期利用されている利用者には遠慮がなくなり、なぜかカチンときてしまうことがある。
- ☑ このような感情を抱いてしまう人は、近くなりすぎた利用者との心の距離を補正することが必要。

1-7 怒りは上司から部下へ、さらに周囲へと伝染する

怒りという感情は、上司から部下へなど、強い者から弱い者へ向かいます。上司から浴びせかけられた怒りは、それを受け取った部下からさらにその部下などへ伝染していきます。

怒りは強いものから弱いものへ向かう

皆さんは、職場の組織の一員として勤務しています。組織には理事長や社長をトップとするピラミッド構造の上下関係があります。

介護職の皆さんにも直属の上司がいることでしょう。職場の雰囲気はそれぞれ異なりますが、上司は管理責任者であることから一定の権力を所持し、部下である介護職にとって非常に大きな影響力を持つ存在であることは間違いありません。もし上司がいつも怒り感情を露わにしていたとしたら、部下は当然その様子を意識してしまうはずです。上司がもし理不尽な叱責などパワーハラスメントに当たる行為を行っていれば、部下への影響は計り知れません。

上司から理不尽な怒りやイライラ感情を浴びせかけられた部下の怒りの感情の矛先は、当の上司ではなく、自分の部下やさらに弱い立場の人へと向けられていきます。このように負のスパイラルに陥るとそれが次々と伝染していき、介護現場の風通しは悪くなり、雰囲気も悪くなります。そして**感情のはけ口が利用者へと向けられてしまう危険性**もあるのです。

上司という立場にあるなら部下との関係性には注意を払い、決して感情的になって怒りを露わにすることがないように気をつける必要があるでしょう。

怒りは利用者や同僚など周囲へも影響を与えやすい

介護現場にはさまざまな職種の人が勤務しています。さらに、性別、年齢、業務経験も多様です。介護現場ではそれらの専門職が、お互いに情報を共有し合い、意思を確認し合いながら、業務を遂行しています。ですから、誰もがコミュニケーションを図りやすい、風通しのよい職場の雰囲気づくりは、チームケアにとってとても重要な課題です。

もし職場に１人でも雰囲気をかき乱すスタッフがいたとすればどうなってしまうでしょう。たとえばプライベートでの夫婦喧嘩や子育てのストレスを引きずったまま職場へ出勤して、不機嫌な態度で勤務についていたとしたら、皆さんはどう感じるでしょう。

以前、筆者が研究のためインタビュー調査を行った介護施設で聞いたところ、機嫌の悪い同僚は、ドンと大きな音を立てて物を置いたり、バタンと戸を閉めたりするのですぐにわかるという意見がありました。「そうするとこちらも気を遣ってしまい、ピリついた雰囲気になります」とのことでした。

やはり**誰か１人でも怒り・イライラ感情を持つと、周囲の人へ影響を与え、影響を受けたその人も嫌な気分にしてしまう**ということがわかります。介護現場全体がそのような雰囲気に支配されてしまうと、不適切なケアや高齢者虐待を生みやすい職場体質へと変貌していく危険性があるのです。

ここがポイント

- ☑ 上司が部下に対して放った怒りの感情は、部下からさらにその部下へ、あるいは弱いものへと向けられていく。
- ☑ 職場の１人が抱いた怒りの感情は、周囲の人々にも悪影響を及ぼし、不適切ケアや高齢者虐待を助長する危険性がある。

1-8 怒りの４つのタイプ

怒りには、大きく４つのタイプがあります。そのタイプを自分の怒り方の傾向として自己覚知しておくことも、対人援助職として大切なことです。自己覚知とは、自分の考え方や物事の受け止め方などの傾向について自分で把握しておくことです。

自分の怒りのタイプを自己覚知してみましょう

誰しも日常生活の中で怒りたくなることはあるかもしれませんし、１つの感情表現として、怒りはすべて悪いと決めつけることもできません。大事なのは、自分がどのような怒り方をするのかという「怒りのタイプ」をしっかり自己覚知し、自らの傾向を客観的に捉えておくことです。

「怒りのタイプ」とは、「強度が高い」「持続性がある」「頻度が高い」「攻撃性がある」の大きく４つに分けられます。

対人援助で注意が必要な「怒りの4つのタイプ」

怒りの強度が高い

何かをきっかけに一度怒りだすと激昂し、怒りの感情を自身でも止められなくなってしまうタイプです。普段は極めて温厚そうな人が、突然ブチッと何かが切れたかのように怒り出してしまうことがあります。怒りという感情を水にたとえれば、ぬるめのお湯から沸騰した熱湯まで温度差があるはずです。怒り出したら一気に沸騰して湯気を立ててしまうという**怒りの強度が高い人は、自分の怒りにもぬるめのお湯から熱湯まで幅があることを意識してみるとよいでしょう。**

怒りの持続性がある

通常は一定の時間が経過すると、徐々に感情も落ち着いてきます。コップに入れた高温のお湯が、時が経つにつれぬるくなり、常温の水に戻るようにです。しかし、魔法瓶に入れたお湯はいつまで経っても冷めません。怒りの持続性がある、つまり根に持ってしまうタイプの人は、まさに魔法瓶のように怒りの感情をいつまでも温め続けてしまいます。思い出しては再燃してしまうことさえあります。

このような根に持ってしまうタイプの人は、意識を過去に向けるのではなく、今の自分・目の前の自分に集中することで、気持ちを切り替えられるようになります。

怒りの頻度が高い

ちょっとしたことにでも頻回に怒ってしまう人がいます。同じ環境で業務についている他のスタッフは冷静なのに、なぜかその人だけイライラ・ムカムカしたりカチンときて怒ることが多い、そんな怒りの頻度が高い人は、周囲からも避けられるようになり、よい業務を行えなくなってしまいます。アンガーマネジメントによって、怒らなくてすむことは無駄に怒らないようにするとよいでしょう。

怒りの攻撃性がある

怒りによって相手を攻撃したり、モノにあたって壊したりする、一番問題が大きいタイプの人です。他者に対しての攻撃は、大きな声で恫喝する、暴力をふるい傷つける、といったことです。ときには自分自身が怪我をすることもあります。冷静になり我に返ったあとで、「なんということをしてしまったのだろう……」と後悔し、罪悪感に苛まれることになります。このタイプは自己覚知により自身のこのような傾向をしっかり理解し、怒りを上手に表現できるように練習することも必要です。

▼問題となる４つの怒り

特徴	内容
強度が高い	小さなことでも激昂する、一度怒ると非常に強く怒る
持続性がある	根にもつ、思い出し怒りをする
頻度が高い	イライラすること、カチンとくることが多い
攻撃性がある	人を傷つける、自分を傷つける、モノを壊す

怒りには４つのタイプがある。自己覚知により、怒りの傾向を捉えておくことが対人援助職にはとても大切。

Column
養介護施設従事者における高齢者虐待

養介護施設従事者による虐待は毎年右肩上がりで増加し続けています。虐待を受ける利用者は認知症の方が多く、要介護度が中・重度の方が多いという傾向も示されています。虐待の要因としては、「教育・知識・技術不足」も指摘されていますが、さらに浮かび上がってくることとして「職員のストレス・感情コントロールの問題」も大いに考えられます。「認知症などによる意思疎通の困難さ」「時間に追われる業務の焦り」「1人夜勤のプレッシャー」などが介護職にとって業務負担となり、ストレスが重なっているのではないかと考えられています。

演習

1-9 三角形チャートで怒りのタイプを見える化してみよう

怒りには４つのタイプがありますが、皆さんの怒りにはどのような特徴があるか三角形チャートを用いて見える化してみましょう。

怒りのタイプを三角形チャートで見える化する

怒りは三角形チャートに描いてみることで、その特徴を見える化することができます。強度のレベルの高低、頻度のレベルの高低、持続性のレベルの高低、対象別の攻撃性のレベルの高低から皆さんの怒りの傾向を確認してみましょう。

▼怒りのタイプを三角形チャートで見える化しよう

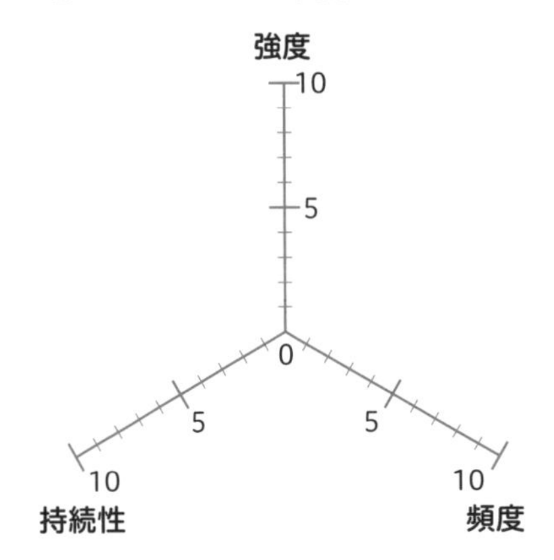

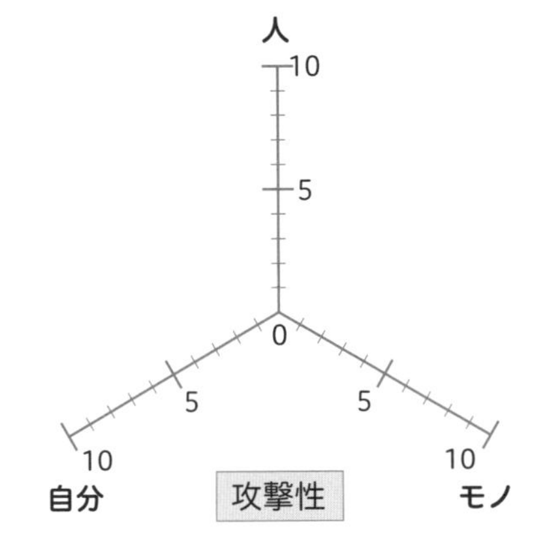

強度……強く怒りすぎることがある。
頻度……すぐに苛立つ・不機嫌になる。
持続性…怒りを引きずることがある。

人………相手を責めることがある。
自分……自分を責めることがある。
モノ……モノに当たることがある。

自分の怒りのタイプを確認してみよう

●強度・頻度・持続性の3項目ともレベル「高」だった人（大きな三角形）

いつも大きな怒りを感じているため、日常生活でも自分が怒りに振り回されています。周囲の関係者も巻き込んでしまうため、大きな後悔をしてしまいそうです。今後、怒りとの向き合い方について改善の必要がありそうです。

●強度・頻度・持続性の3項目ともレベル「中」だった人（中ぐらいの三角形）

怒りのレベルがちょうどよく、比較的バランスのとれた怒り方をしています。そのときのマイナス感情の状態によって怒りのレベルが急上昇しすぎないよう、常に感情のコントロールを意識するとよいでしょう。

●強度・頻度・持続性の3項目ともレベル「低」だった人（小さな三角形）

怒りのレベルが小さい人は、日頃、上手に怒りを表現できているかどうかという心配があります。アンガーマネジメントの定義では、怒ることは悪いことではないとされています。気づかないうちに自身の感情を押し殺して、潜在的にストレスをため込んでいないか、改めて自己覚知することをおすすめします。

●強度のレベルが「高」だった人

怒りの強度のレベルが高かった人は、自分の「〜べき」（＝コアビリーフ。P.38 参照）が裏切られたときに、大きな怒りとなる傾向があります。その状況に意識が向きすぎているため、衝動をコントロールして気持ちをリセットし、区切りをつける練習が必要です。本書でも紹介しているクールダウンの方法「衝動のコントロール」（P.46 参照）を参考にしてください。

●頻度のレベルが「高」だった人

何度も苛立ってしまう、あるいは不機嫌な状態になりやすい人は、些細な出来事でも自分の意に沿わないとイライラしてしまう傾向があります。怒る必要があることと怒る必要がないことの選択を徐々に行えるように意識しましょう。P.50 で紹介する「思考のコントロール」を参考にしてください。

●持続性のレベルが「高」だった人

怒りを思い起こすと、再び再燃してしまう傾向があります。過去にこだわらず、「今」自分が「ここ」にいる、ということに意識を集中させる練習をしてみましょう。

●対象別の攻撃性の確認

攻撃性が高い人は、その対象がどこに向いているのか、P.34 の三角形チャートで確認してみましょう。怒るというのは、他人や自分を責めることではありません。またモノに八つ当たりすることでもありません。

Column　不適切ケア

高齢者虐待が発生する１つ前の段階として、介護施設での「不適切ケア」の存在が指摘されています。「不適切ケア」とは、虐待と断定するのが難しい、いわゆるグレーゾーンと呼ばれる不適切な対応などを含む介護を指します。

現在は、この「不適切ケア」も虐待ではないかという意見も高まっています。「不適切ケア」は、たとえば１人では立てないようなフカフカのソファに深く座らせる、「さっき行ったばかりでしょう」とトイレの使用を制限する、裸のまま入浴の順番を待たせる、「ダメ、ちょっと待って」などのスピーチロックをするなどが考えられます。

事業所としては、これまで職員にとって都合のいいように解釈し、「不適切ケア」とは考えずに、これは虐待ではないとの認識のもとで対応してきたものであっても、今一度振り返りを行い、本当に虐待がなかったのか、再確認をする必要があるのではないかと思います。

第2章

怒り感情と上手に向き合おう

2-1 私たちを苛立たせているものは何？

介護業務をしていて苛立ってしまうのは、利用者などの他者や、食事・入浴の介助などの出来事に原因があると思いがちですが、実はそうではありません。

介護スタッフを苛立たせているもの

めまぐるしい介護業務に追われていると、ちょっとしたことでもついイライラ・ムカムカしたりカチンとくることがあると思います。一般的に人は、その原因は誰か他人や､気に入らない出来事などにあると考えています。「いつもいつも手がかかるあの利用者の顔を見ると…」（誰か）であったり、「ほかにも業務があるのに、私のユニットでは誰も寝てくれないから」（出来事）などが、自分を怒らせていると思い込んでいます。

しかし、実際はそのどちらでもありません。**あなたを苛立たせているものは、実は自分の中に潜む「～べき」という想い・考え**などです。これは「**コアビリーフ**」とも呼びますが、この**「～べき」（コアビリーフ）が裏切られたときに、人は怒りという感情を持つ**といわれています。つまり、自分を苛立たせているものは、誰か他人でも出来事でもなく、自分の中にある「～べき」なのです。

介護業務で苛立ったりイライラしたりしたとき、その怒りと上手に向き合うためには、他者や出来事、つまり自分以外に意識を向けるのではなく、むしろ自分が今どのような感情を抱いているのか、自分の内面に意識を向けていくことがとても大切です。

自分の中にある「～べき」とは

それでは、なぜ苛立ちの感情が生まれるのか見ていきましょう。

これまで、それは利用者のせい、忙しい業務のせいだと考えていた人は、今一度、本当にそうだったか思い返してみましょう。

たとえば、利用者からたびたび介助を求められて苛立ったとします。それはなぜか、よく考えてみてください。疲れがたまっているあなたは出勤した際、「あぁ、今日も忙しそうだなぁ、何事もなく楽に業務がはかどるといいなぁ」などと思ってはいなかったでしょうか。「疲労がたまっているのだから、業務ははかどってほしい（はかどるべき）」と思っていたところに、利用者からたびたび介助を求められ、自分の「～べき」が裏切られてしまったため、大きなイライラにつながってしまったというわけです。

▼私たちを怒らせるもの

その正体とは？

「　　　」は、こうあるべき

©一般社団法人日本アンガーマネジメント協会

ここがポイント

☑ 怒りという感情は、自分以外の「誰か」や「出来事」に原因があるのではなく、自分の内面に潜む「～べき」（コアビリーフ）が原因。

演習

2-2 あなたの「こうあるべき」は？

皆さんが日頃、イライラ・ムカムカしたり、カチンとくる原因となっている「～べき」（コアビリーフ）を、事例を参考にしつつ自己覚知してみましょう。

自分の「～べき」（コアビリーフ）とは？

怒りという感情は、自分以外のところにあるわけではなく、自分の内面に潜む「～べき」（コアビリーフ）だということをお話ししました。そこで、実際の介護場面で、皆さんがどのような「～べき」を抱くのか、演習を通して自己覚知してみましょう。

「～べき」（コアビリーフ）は、実際にその場面に直面してみないとわからないものです。頭では、「いやいや、こんな出来事では自分は○○すべきとは思わないぞ！」と考えていても、その場に直面すると、強い憤りが湧き上がってくることもあるかもしれません。

「～べき」（コアビリーフ）に気づくには、自分が何か感じた都度、自分の内面に問いかけてみる「確認作業」が必要です。そのために右ページの「演習」をやってみましょう。

演習の質問に目を通したら、あまりじっくりと考えず、自分がその場にいるつもりで、直観的に湧き上がってきた自分の想い・考えを書いてみてください。

回答には正解はありません。この演習は、自らがどのような「～べき」（コアビリーフ）を抱くのかを理解し、今後の苛立ち・イライラ感情との向き合い方を知るための取り組みです。

▼事例を通して自分のコアビリーフを自己覚知してみよう

Q：あなたは、下記の①～⑤のとき、どのような「～べき」（コアビリーフ）を内面に抱いているでしょう？

①上司から次々と仕事を頼まれて、山積みになったとき

②一生懸命頑張っているつもりなのに、利用者の家族から苦情を言われたとき

③同僚が、みんなで決めた業務ルールを守らずに、１人で勝手に仕事を進めていると思ったとき

④ミーティングが予定時間よりも延びて、この後の約束に影響がでそうなとき

⑤勤務中に１人の利用者に対応を求められ、何度も居室へ伺って多くの時間を費やしたとき

ここがポイント

- 対人援助職は、自らの内面にどのような「～べき」（コアビリーフ）が潜んでいるのか、理解しておくことが大切。
- コアビリーフを知るには、苛立ちに直面したときに出てきた想い・考えが大事。その都度書き留めるなどして、自己覚知に役立てよう。

2-3 怒り・イライラ感情が生まれる仕組み

怒り・イライラ感情は、オイルライターにたとえるとわかりやすくなります。皆さんの怒りには、「～べき」（コアビリーフ）と、マイナスな感情・状態が関係しています。

怒り・イライラ感情はこうして生まれる！

右ページの図にあるように、怒り・イライラ感情が生まれる仕組みは、オイルライターにたとえるとわかりやすくなります。

今メラメラと燃えている炎はあなたの怒りです。その炎を燃やしているのは、ライターのオイル、つまりあなたのマイナスな感情にほかなりません。しかしいくらオイルがなみなみと入っていたとしても、そう簡単に炎は燃え上がりません。オイルに火花が飛んだとき、引火して大きな炎となるのです。

この火花が「～べき」（コアビリーフ）です。炎（怒り）の大きさは、あなたの内面のマイナスな感情・状態の度合いにより、その時々で変化します。

マイナスな感情・状態には、つらい・悲しい・苦しい・眠い・疲れた・ストレス・心配・嫌だ・焦り・不安など、さまざまなものが潜んでいます。介護業務はもとより、プライベートでの感情を引きずることでも影響が大きくなります。

いつもなら大きな炎となることも、感情の持ち方によっては、炎にならないことがあるかもしれません。怒り・イライラ感情と上手に向き合うためには、日頃の生活の中でマイナスな感情・状態をいかに少なくできるかということも大切な取り組みになってくるのです。

▼怒りが生まれるメカニズム

Ⓒ一般社団法人日本アンガーマネジメント協会

▼怒り・イライラ感情を引きずらない

ここがポイント

- 怒りの炎の大きさは、マイナスな感情・状態の度合いによって変化する。
- 仕事のみならず日常生活のプライベートな感情を良好に保つ工夫をすることが、怒り・イライラ感情と上手に向き合うコツ。

2-4 アンガーマネジメントの3つのコントロール

アンガーマネジメントには、３つのコントロールを行うステップがあります。順番に行うことで、怒りの感情により相手に害を及ぼしたり、モノを破壊するなどの失敗を回避できます。

怒りの感情をコントロールする3つの方法

怒りの感情をコントロールするために、アンガーマネジメントでは次の３つの方法を提唱しています。

1. 衝動のコントロール（6秒）

人は何かにイライラ・ムカムカしたりカチンときたとき、そのピークは数秒間であるといわれています。ですから、イラッとしたときは反射的に反応せず、６秒間待ちましょう。これが「衝動のコントロール」です。６秒間待つことで、怒りの感情が徐々にクールダウンして大きな炎を燃え上がらせるのを回避してくれるのです。

2. 思考のコントロール（三重丸）

衝動のコントロールによって取り戻した理性をもとに、怒る必要があること、怒る必要がないことの線引きをするのが「思考のコントロール」です。皆さんが感じているイライラが、許せることなのか、許せないことなのか自分に問いかけ、衝動的・感情的な対応をせず、自制した行動をとるためのプロセスです。

3. 行動のコントロール（分かれ道）

怒る必要のあることと、怒る必要のないことを区別した結果、どうしても「許せない」という考えになった場合に、これからアクションに移そうとする言動を自ら選択して決めていく、それが「行動のコントロール」です。どのような言動に移すのか、４つの選択肢の中から選んでいきます。

アンガーマネジメントの１．衝動、２．思考、３．行動の３つのコントロールは、繰り返し行うことで徐々に慣れてくるので、実践しなければ役に立ちません。特別な場面ではなく、日常生活や毎日の介護業務などの場面で、普段から行うことが、アンガーマネジメントの実践力アップの近道です。

▼アンガーマネジメントの３つのコントロール

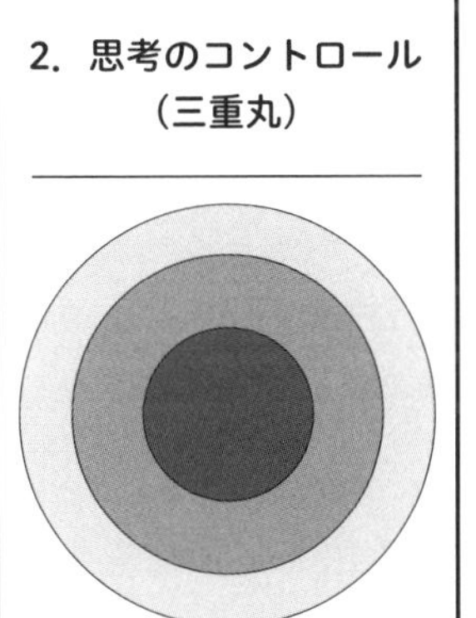

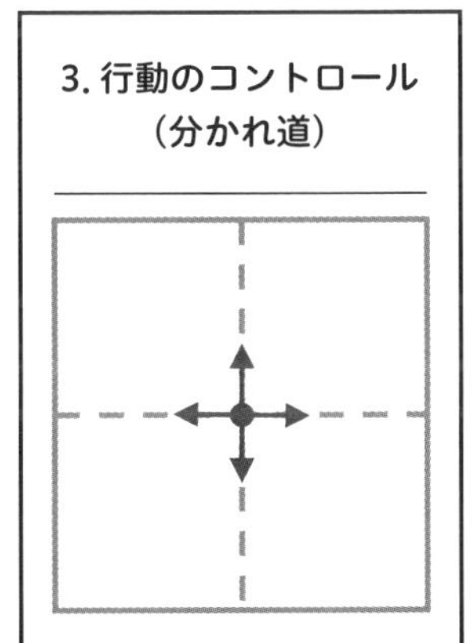

ここがポイント

- ☑ アンガーマネジメントには１. 衝動、２. 思考、３. 行動の３つのコントロールがある。
- ☑ 日頃の介護業務の際に臆することなく実践することで、感情のコントロールに役立てられるようになる。

2-5 反射的に反応せずに少し待とう

アンガーマネジメントの３つのコントロール、１つ目は衝動のコントロールです。イライラ・ムカムカ・カチンときたとき、すぐに衝動的に反応してしまうのではなく、まず６秒ほど待つというルールです。

苛立ったら6秒待って理性を取り戻そう

怒りの炎は、火花が飛んで着火したときが最も勢いよく燃え上がります。その後、ほんの数秒で弱まり始めます。決して数秒で苛立ち・イライラ感情が消えてなくなり、スッキリした気持ちになるということではなく、苛立ちは持続しているのですが、衝動的な怒りは徐々に消え、同時に理性が復活してきます。

ですから、**イライラ・ムカムカしたりカチンときたとき、感情のおもむくまま衝動的に反応せずに、６秒待ってみましょう。**

衝動的な怒りは、一気に沸騰した瞬間湯沸かし器と同じですから、何かを考えたり、冷静に判断したりすることができない状態です。そのような状態のときに何か判断すると、後々大きな後悔を生んでしまうことになるかもしれません。

どうやって6秒待つか

衝動的な怒りをコントロールする手法として、つい苛立ってしまったときには６秒間待ってみることを紹介しました。しかし、怒りの炎が勢いよく燃えているときに、６秒待つのは簡単なことではありません。

そこで、どうやって６秒間待つかについて、実際にアンガーマネジメントに取り組んでいる介護現場の方々に方法を伺ってみました。

- 「1・2・3・4・5・6」と、ゆっくり大きく深呼吸しながら数える。
- 「何でもない、何でもない」「どんまい、どんまい」「何とかなるさ、何とかなるさ」など自分を褒めたり、元気づけたりする言葉を自分に投げかける。
- 一瞬でも離れられる条件が整っているなら、その場から離れる。トイレなどに行き、鏡に向かって「冷静に、冷静に」と自分に話しかける。

以上は実際に介護スタッフの皆さんが取り組んでいたことです。

ぜひ皆さんも、これらを参考に自分に合った方法を見つけてください。

▼衝動のコントロール

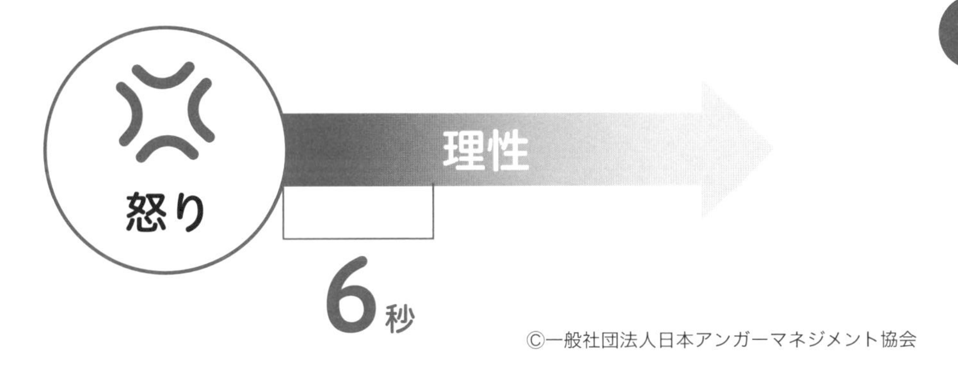

☑ イライラ・ムカムカ・カチンときたとき、すぐに衝動的に反応してしまうのではなく、まず6秒ほど待つというルールを実践してみよう。

2-6 自分の中に怒り・イライラの温度計（スケール）を持つ

私たちが怒りと上手に向き合えない理由の１つに、その怒りがどのくらいいのものなのかを測るスケールを持っていないことがあります。

怒り・イライラの温度を測るスケールとは

皆さんは、介護業務でイライラ・ムカムカしたり、カチンときたりしたときに、自分はどれくらい怒っているのか考えたことはあるでしょうか。

先にも述べた通り、怒りの炎の大きさはマイナス感情によって大きくなったり小さくなったり変化して、決して一定ではありません。この自分の怒りの大きさを温度と見立てて、可視化できるような温度計を怒りのスケールとして持つことで、怒りと上手に向き合いやすくなります。

皆さんがこれまで感情をコントロールできず、自分の怒りと上手に向き合うことができなかったとすれば、それは皆さんの中に右ページの図のような怒り・イライラの温度を測るスケールがなかったからです。

自分の怒りと上手に向き合うためにも、ぜひ皆さんの中に「**怒りの温度計**」があると意識してみてください。

怒り・イライラの温度の測り方

怒り・イライラの温度計は、10 段階のスケールになっています。怒り・イライラなどまったく感じていない穏やかな状態を目盛り 0 とします。一方、人生最大の怒りを目盛り 10 と考えます。怒り・イライラを感じたとき、その 10 段階のうちどのレベルかを考えるのです。

人生最大の怒りとは、そもそもこれまでの人生で経験したことのないレベルの怒りのはずですから、それより１～２程度下のレベルが、おそらくこれまで実際に感じたことのある最大の怒りとなるでしょう。

普段からあまり怒らない性格の人は、自分にとって最大値の怒りを感じた出来事を各自のスケール上で設定してください。それを１つの基準として、その出来事と比較して、今起こった出来事はどのレベルだったか測ってみてください。怒り・イライラはこうしてその都度レベルを測り、記録しておくと、データとして集積できて目安が増えます。

▼怒り・イライラの温度（点数）を測る

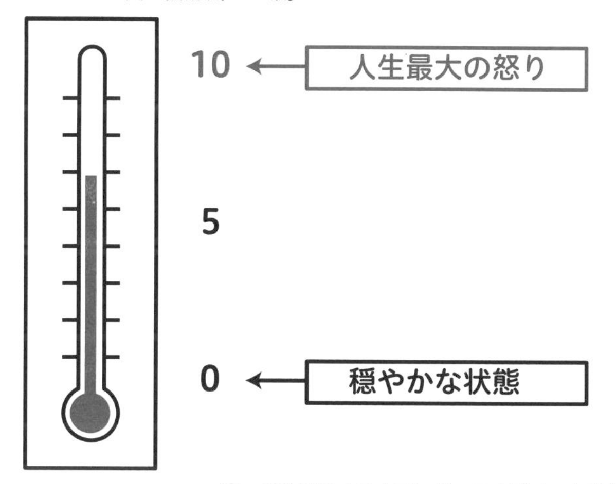

©一般社団法人日本アンガーマネジメント協会

ここがポイント

- ☑ 人は怒りを測るためのスケールを持つことで、怒りと上手に向き合うことができるようになる。
- ☑ 怒りのスケールを記録することで、データが集積され目安が増える。

2-7 怒りを3つのゾーンに仕分ける

自分の怒りを衝動的に相手やモノにぶつけるのではなく、理性を取り戻したところで怒りを３つのレベルに当てはめ、怒る必要があるか否かについて、線を引いてみましょう。

その怒りはどのゾーンに当てはまるか考えよう

アンガーマネジメントの３つのコントロールの２つ目は、苛立ち・イライラ感情の枠組みを概念図にした三重丸を使って、自分が感じている怒りが、果たして本当に怒る必要があるか否かを考えてみるという練習をします。

三重丸は中心から、「1. 許せるゾーン」、「2. まぁ許せるゾーン」、「3. 許せないゾーン」の３つに分けられます。

自分の苛立ち・イライラ感情が、どのゾーンに当てはまるかを確認してみましょう。「1. 許せるゾーン」は、一瞬はイライラ・ムカムカ・カチンときたけれど相手の事情や状況の理解はできるため、怒りの感情を比較的早く収めることができるレベルを表します。「2. まぁ許せるゾーン」は、事情や状況を全部理解することはできないけれど、わかるところもある、何とか理解はできるなぁというレベルを表します。「3. 許せないゾーン」は、自分にはこの状態がまったく理解できない、理不尽だとしか思えず、許容範囲の限界を超えているため、苛立ち・イライラ感情が噴出しているというレベルです。あくまでも各自、自分の感じ方で考えてみてください。

何が許せて、何が許せないか考えてみよう！

自分の怒りを３つのゾーンに仕分けするというのは、怒りを客観視する作業です。これを行うと、怒る必要があるのは「3. 許せないゾーン」にある怒りだけだとおわかりになるでしょう。

さらに、「2. まぁ許せるゾーン」の枠をもっと広げる、つまり自分の許容範囲を少しでも広げること、「2. まぁ許せるゾーン」の広さを毎日できるだけ一定にすることを意識すると、もっと怒りと上手に向き合うことができるようになります。

また、「1. 許せるゾーン」「2. まぁ許せるゾーン」「3. 許せないゾーン」それぞれをどう説明するか、怒りをなぜそのゾーンに仕分けするのかの理由を言葉にしてみましょう。これまで曖昧にしか捉えることができなかった怒りという感情が、もっと具体的に捉えられるようになるでしょう。

▼思考のコントロール（三重丸）

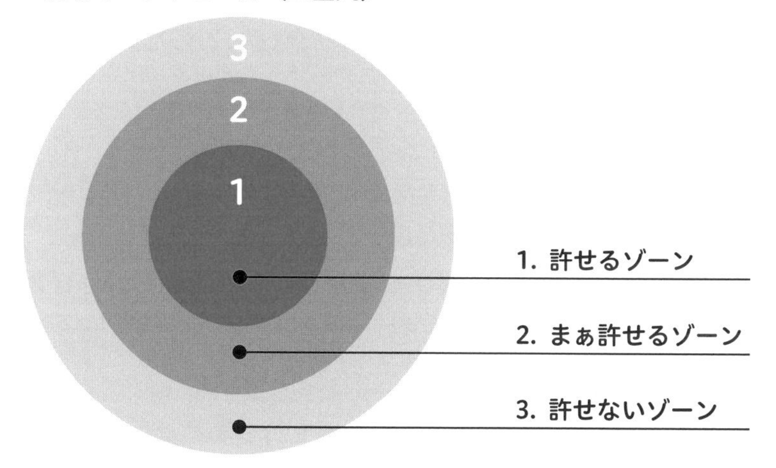

ここがポイント

三重丸の３つのゾーンへ怒りの感情を仕分けする際の根拠、理由を自分で説明できるようになることで、自分は何が許せて何が許せないかを判断できるようになってくる。

演習

2-8 怒る必要があるか否かの線を引いてみよう

アンガーマネジメントは、実際に取り組んでみることで、少しずつ経験則として身についてきます。心の中で三重丸を描きつつ、怒る必要があるか否かの線を引いてみましょう。

あなたの「怒ったこと」は、どのゾーン？

1-3 の演習「怒ったことを振り返ってみよう！」で挙げたイライラ・ムカムカ・カチンときたという出来事は、前節 2-7 で紹介した三重丸のどのゾーンに当てはまるでしょうか？

1-3 で挙げたエピソードを、「1. 許せるゾーン」、「2. まぁ許せるゾーン」、「3. 許せないゾーン」の 3 つに当てはめてみることで、怒りという感情には温度差があることがおわかりいただけると思います。

またその怒りに対して、自分の考え方や価値観と合致するもの、少し合致しているかなぁというもの、まったく合致していないものという 3 つがあることも実感できるでしょう。

怒りの感情を 3 つのゾーンに分けて考える習慣を持つことで、「許せる」「まぁ許せる」「許せない」の線を引くことができるようになるはずです。

怒りの強度はマイナスな感情の度合いによって左右される

さて、この演習に取り組むと気づくことがあるはずです。「怒ったこと」のエピソードが同じであっても、その時々の状況によって「2. まぁ許せるゾーン」に当てはまったり、「3. 許せないゾーン」に当てはまったりするということです。

理由は、怒りの強度はマイナスな感情の度合いによって左右されるからです（2-3 参照）。怒りの強度はそのときのマイナス感情によって変化します。つまり、いかにマイナス感情を増幅させないかということが、アンガーマネジメントでは大切になってきます。

▼怒る必要があるか否かの線を引こう

Q：1-3 で挙げた「怒ったこと」をもとにして、苛立ち・イライラ感情のコントロール（三重丸）について、どのレベルに当てはまるのか考えてみよう！

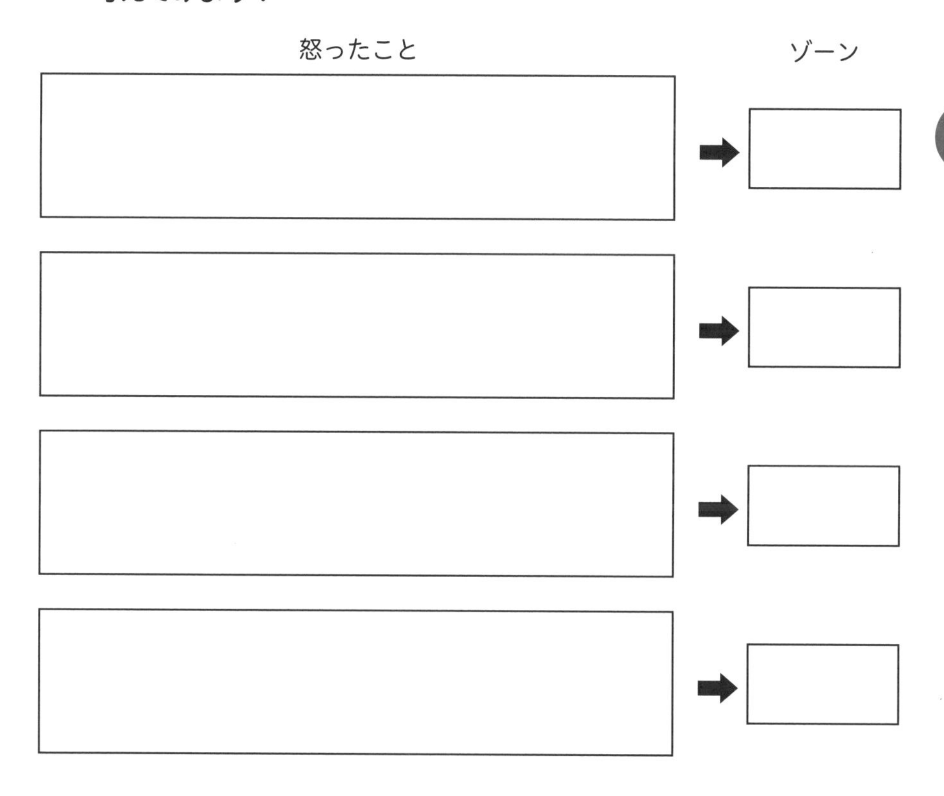

☑ 苛立ち・イライラ感情をコントロールできるようになるためには、日頃からアンガーマネジメントの 3 つのコントロールに順番に取り組むことがとても重要。

2-9 自分がどのような行動をとるべきか選択する

アンガーマネジメントの３つのコントロール、３番目は「分かれ道」と呼ばれるステップです。怒る必要があるか否かの線引きをして「許せないゾーン」となった場合に、自分がどのような行動をとるべきか選択します。

苛立ち・イライラ行動をコントロールできるようになろう！

イライラ・ムカムカ・カチンときた後、何も考えずに怒りを相手やモノにぶつけてしまう「苛立ち・イライラ行動」は、相手にとって非常に害になりますし、自分自身にとっても後悔を生むだけです。

しかし、アンガーマネジメントの２つ目のステップ、三重丸を利用して怒る必要があるか否かの線を引いた結果、「許せないゾーン」となった場合には怒る必要があるという認識になります。

そこで３つめのステップでは、「許せないゾーン」にある苛立ち・イライラ感情に対処します。

方法は、次ページの図のように、まずその出来事の状況を「自分で変えられること」、「自分では変えられないこと」のどちらであるかを判断し選択します。さらにそれが「重要」なのか、「重要でない」ことなのか判断し選択します。その結果、４つの結果に行き着きます。

分かれ道を選択して、自分の行動を決めよう！

「自分で変えられること」で「重要」だと判断した出来事は、「すぐに取り組む」になります。すぐに行動に移し、自分の感情を上手に表現しつつ、相手と意向のすり合わせを行いましょう。それによって相手との価値観を共有し合い、許せることへと感情が変容するかもしれません。

「自分では変えられないこと」だが「重要」だと判断した出来事は、まず自分１人では変えられないことを受け入れましょう。そのうえで、周囲の関係者などとも相談しながら、対応方法を検討する、工夫できることは取り組んでみるなど、試行錯誤を繰り返しながら対処していきましょう。

「自分で変えられること」だが「重要ではない」、あるいは「最優先ではない」と判断した出来事は、余力があるとき、最優先の業務を行った後で取り組むことにしましょう。イライラする出来事が起こるのは介護業務中だけとは限りません。プライベートでのマイナス感情を業務中も引きずってしまい、何をしていてもムシャクシャしてしまうなどということもあるかもしれません。そのような出来事をフラッシュバックさせないためにも、意識を自分の外に向け気分転換する工夫をしてみましょう。

「自分では変えられないこと」で「重要ではない」、あるいは「最優先ではない」と判断した出来事は、放っておく、かかわらないのが一番です。それはあなたがかかわっても変えられないことだからです。

▼行動のコントロール（分かれ道）

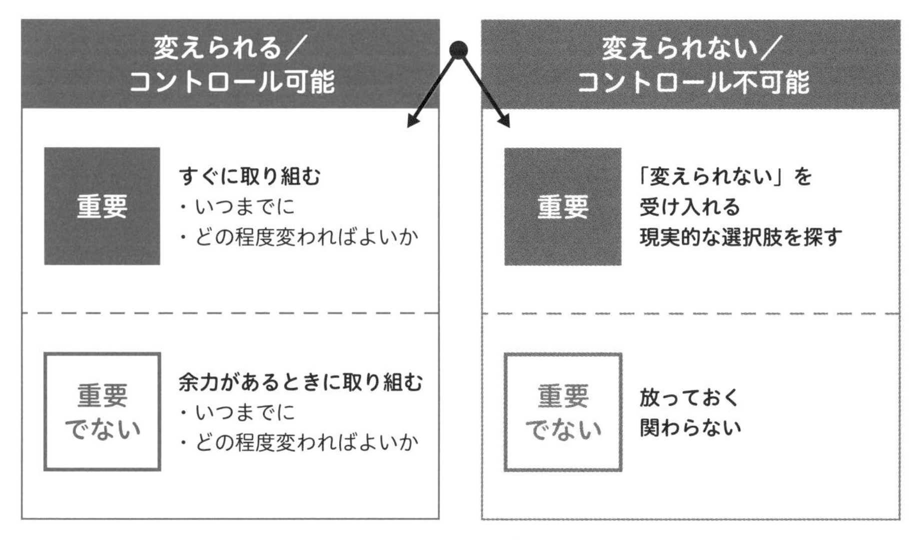

Ⓒ一般社団法人日本アンガーマネジメント協会

ここがポイント

- ☑ 3番目のステップは、苛立ち・イライラ行動のコントロールをするために、4つの分かれ道に沿って選択するステップ。
- ☑ 4つの分かれ道は、あなたが苛立ち・イライラ感情と上手に向き合うための行動の指標となる。
- ☑ 実際の介護業務の場面で、自らの感情と向き合いながら何度も取り組むことで、徐々に苛立ち・イライラ感情のコントロールを身につけよう。

Column 身体拘束の廃止と適正化

介護業務がスムーズに進められることは、職員にとって何より望ましい状況だと思います。ところが現状は、さまざまな状態像の利用者への対応を求められるため、やむを得ず身体拘束に及ぶこともないわけではありません。

厚生労働省の「身体拘束ゼロへの手引き」では、①切迫性、②非代替性、③一時性の３つの要件を満たし、かつそれらの要件の確認の手続きが極めて慎重に実施されているケースに限り、緊急やむを得ない対応として身体拘束を認めるとの方針を打ち出しています。もちろん介護現場では、できるだけ身体拘束をしなくてすむ対応を検討しているはずですし、そうあるべきです。事業所のスタッフが連携し合いワンチームとなって取り組むことも、スタッフ一人ひとりの士気を高めることにつながり、ストレス緩和の起爆剤にもなると考えています。

虐待の背景に注目してみると、孤立・孤独というワードも浮かんできます。心の不調和を起こした介護職が感情コントロール不能状態に陥る前に、仲間と心情を吐露し合える環境、人間関係づくりが非常に重要であることも明らかになってきました。

第3章

事例でわかる！
介護現場でよくある怒り・イライラ場面への対処法

事例1

3-1 なんで叩かれるの!? 排泄介助中、利用者から突然の暴力！

利用者の高田さんは、認知症が進行してきたためか特に最近は暴力行為が目立ってきました。入浴のための着脱介助やトイレでの排泄介助の際には、対応する介護スタッフに手を上げてしまうこともしばしばです。介護スタッフの長嶋さんがソワソワしている高田さんに気づき、トイレに行きたいのではないかと察知し、声かけを行いました。

ある日の排泄介助場面での出来事

高田さん、トイレですか？
トイレはココですよ～、一緒に行きましょう！

長嶋さんは、利用者の高田さんの手を引くと、トイレに連れて行った。

便器の前にそのまま立っていてくださいね。
ズボンを下ろしますねぇ……

長嶋さんは、高田さんがビックリしないようにゆっくりとズボンを下ろした。

ちょっと、何するんだ！　止めろ！

高田さんの右手がバシッ！ と長嶋さんの左の頬に飛んできた。

うわっ、いてて…。やっぱり叩かれちゃったかぁ……。
それにしても、思いっきり殴らなくてもいいじゃん！

前日の出来事を引きずっていると…

あら、高田さん、トイレに行きたいんですか？
トイレはそっちじゃないですよ！　一緒に行きましょうね！

・・・・・・・

長嶋さんは高田さんをトイレまでお連れし、声かけを行ってから、刺激しないようにゆっくりとズボンを下ろした。

うぅぅぅ、止めて……さわるなぁ……

高田さんの右手がバシッ！　と長嶋さんの左の頬に飛んできた。

(もう、何するのよ！　うわぁ、もう嫌ぁぁ……なんでこうなっちゃうの……) 高田さん！

長嶋さんは、とっさに高田さんに大声で怒鳴ってしまった。

利用者も不安感などから手を出すことも

入浴や排泄などの介助場面で、認知症の利用者が職員に暴力的になっていることがあります。暴力的というと一方的に利用者が悪いように感じますが、そうではありません。認知症によって介助場面の状況を十分に把握できていない中で、目の前の介護スタッフに突然、自分のズボンを下ろされてしまったら、誰でもバシッと手が出てしまうのではないでしょうか。

介護スタッフからすると伝えたつもりになっていたとしても、実際には相手にきちんと伝わっていなかったとしたら、誰でも「何するんだ」と自己防衛しようとするはずです。

▼認知症の利用者の心の中は…

利用者が不安感や恐怖感、イライラ・焦りから相手を攻撃するという行為は、自己防衛の自然な反射の１つです。

介助のストレスを1人でため込まないで

介護スタッフの長嶋さんは、一度目にバシッと叩かれたときのエピソードでは、まだ自分の感情をしっかりとコントロールできていました。しかし、前日の出来事を引きずって業務に入ったことで、二度目のエピソードの際には、積み重なった高田さんへの感情が爆発し、反射的に大声で相手を怒鳴ってしまうという行動をとってしまいました。

おそらく長嶋さんは、高田さんは認知症なので状況が飲み込めずさまざまな周辺症状が出るということもわかっていたかもしれません。ただ、利用者に対するマイナス感情がたまり続けると、それがライターでいえば大量のガスの働きとなって、「バシッ」の火花で着火してしまうのです。このような場合、利用者介助のストレスを１人で抱え込まないように、職員間で吐露し合うなど、はけ口をつくることが大事です。

▼１人でストレスをため込まず、職員間で共有しよう

ここがポイント

- ☑ 利用者から暴力的な行為を何度も受けていると、相手に対する否定的なマイナス感情が積み重なる。
- ☑ マイナス感情は、大きな怒りを生む要因となるため、１人でストレスを抱え込まないように工夫することが大切。

事例2

3-2 忙しいのに……利用者からの頻繁なコールにイライラ

介護業務で取り込み中にコールが鳴ると、誰でも焦ってしまうものです。特に夜勤時のコール対応は、できれば少ないといいなぁなどと、つい願ってしまいます。コールされるたびにイライラしてしまう人もいるのではないでしょうか。

ある日の日勤中、鳴り続けるコール

（介護職を呼ぶコール音）ピンポーン♪　ピンポーン♪

横山さん、ちょっと加藤さんのコール対応、お願いできる？私、今太田さん対応中だから！

長嶋さん、すみません！　私もこれから飯山さんの排泄介助するところで……その後になっちゃいます！

もう、しょうがないなぁ……なんでいつも忙しいときに、こうコールが重なっちゃうのぉ？（ちょっとイライラ）

ピンポーン♪　ピンポーン♪　再び加藤さんから介護職を呼ぶコール音

はーい、聞こえてますぅ！
今行きますから、ちょっと待っててください（イライラ）

恐れていた1人夜勤の連続コール

ピンポーン♪　ピンポーン♪

長嶋さん

太田さん、どうしました？

あぁぁ、介護士さん、ちょっとトイレに行きたいからお願いします！

太田さん

長嶋さん

太田さん、さっきも行って出なかったけど……

太田さんは、やはり排尿がなかった。にもかかわらず30分ほど経つと……ピンポーン♪　ピンポーン♪

長嶋さん

太田さん、またトイレですか（イラッ）
（もう何回目だろう……）

でも、今度は、ホントに行きたいの！　漏れちゃうから、早くお願いします！

太田さん

太田さんの度重なるコール音で目が覚めた他の利用者も、ピンポーン♪　ピンポーン♪

長嶋さん

もう～！ 1人じゃ対応しきれないって！！

怒りという感情の下にある潜在的感情

事例の長嶋さんのイライラの理由は何でしょうか？　忙しいときに何度もコールされたことだと誰もが思うでしょう。しかし実は、それは表面的な理由に過ぎません。**怒りの源泉はもっと深いところにあり、その隠れた感情を理解してもらいたいという気持ちが怒りとなって溢れ出るのです。**

では怒りという感情の下にはどのような感情が潜んでいるかというと、たとえば日勤中にコールが重なった場合なら、「自分の大変さをわかってほしい」「自分も一生懸命頑張っていることをもっと理解してほしい」などが考えられます。

夜勤時のコールでは、「1 人夜勤でとても不安だった」「1 人夜勤で複数の利用者の対応がとても大変だった」などなど。これらは怒りの感情の下にある潜在的感情で、誰かに理解してもらいたいという気持ちが怒りという感情を生んでいるのです。

▼隠れた自分の感情がその怒りの元

潜在的感情と怒りは、ライターのオイルと火花の関係

普段は何の問題もなくやり過ごせることでも、なぜか無性にイライラしてしまう、そういう経験は誰にでもあると思います。皆さんが、もし無性にイライラしたなら、まず隠された潜在的感情は何であるか、自分に問いかけて探ってみましょう。

出勤前に嫌な気持ちにさせられる出来事はありませんでしたか？　それらのマイナス感情を引きずったまま、業務を行っていませんか？　普段の業務の中に、マイナス感情につながってしまうルーティンワークはありませんか？

ルーティンワークとは、日常的に同じ介護業務を繰り返すこと、ルールやマニュアルに沿って行う定型の業務のことです。ルーティンワークはどの職員も当たり前のこととして取り組んでいるため、自分だけ「嫌だ」「やりたくない」「1人業務が不安」などの弱音や愚痴を表に出しにくく、気持ちを吐き出すことができないまま抱え込んでしまいがちです。それが何かのきっかけを火花として着火し、イライラ感情を生むのです。まずは皆さんの潜在的感情の解消をめざしましょう。

- ☑ 怒りという感情の下には、さらに別の感情が潜んでいる。
- ☑ 潜在的感情が何か明らかにし、解消することをめざそう。

事例3

3-3 男性利用者からのセクハラ行為

介護現場では、利用者からのセクハラ行為が後を絶ちません。「我慢するべき」と上司に諭されたり、セクハラを受けたと職場で言うことすらできなかったり、セクハラが見過ごされているケースも少なくないはずです。

デイサービスで介助中、お尻をさわられた！

北島さん、そろそろ夕食の時間だから食堂に行きましょうねぇ～

瀬川さんは、北島さんを食堂まで歩行介助し、椅子に座らせた。その瞬間！

おぉぉぉ、いいさわり心地じゃ～～、なかなかいいのぉ～（スリスリ、スリスリ）

ひゃあ～！　ちょっと北島さん、やめてください！

瀬川さんは、お尻をなでまわしている北島さんの手を払いのけた。

少しぐらい、いいじゃろー！　減るもんでもないしぃ！

ちょっと北島さん、これってセクハラですからね！（イラッ）

脱衣介助中も繰り返されるセクハラ！

瀬川さんは、北島さんの入浴介助が少し憂うつだった。それは最近、北島さんのセクハラ行為がエスカレートしているから……。

北島さん、お風呂の時間ですよ～！
お手伝いしますので、ご自分で服を脱いでくださいね

あれっ、瀬川さん、あなたも一緒にどう？
一緒に入らない？

と言いながら、北島さんは脱衣介助している瀬川さんの胸にタッチ。

北島さん、もう、いい加減にしてくださいよ！
これってセクハラでしょ！　主任に言いますよ！

瀬川さんは、ムカムカしつつも北島さんの脱衣介助を続けた。

瀬川さん、風呂から上がったら、またよろしくね！
(ニヤニヤ)

えぇぇ、こんなの酷すぎる……もう我慢の限界ッ
(ムカムカ)

利用者に「許せない」という感情をそのままぶつけない

このようなセクハラ行為を受けた場合、相手が利用者であっても決して許されるべきではない、と当事者は考えるはずです。もちろんその通りですし、防衛感情である怒りが湧くのももっともです。

ここで感情のおもむくまま反射的に反応すると、積もりに積もったイライラした思いが一気に爆発してしまうでしょう。しかし、介護職員という立場上、いかにセクハラの加害者とはいえ利用者に対して攻撃的になるべきではありません。ですから、**衝動のコントロールを実践し、深呼吸などをしながら6秒待って冷静さを取り戻したうえで、適切な判断をするのが賢明**です。

セクハラの問題には、「①被害を受けた当事者自身の怒りとの上手な向き合い方」と「②利用者のセクハラ行為についての施設側の対処の指針」という2つの課題があります。自分以外にも被害者がいるのであれば、各々が勝手に動くのではなく、当事者間で協力して話し合いを進め、上司を巻き込んでいくという方策が考えられるでしょう。そのためにも、最初の段階で利用者に対して反射的な行動を起こして相手に害を与えることは避けましょう。逆にあなたが加害者になってしまうかもしれません。

怒りをいったんリセットするための対処法「タイムアウト」

セクハラ行為をされたときの怒りという感情は、防衛感情が働いたものです。人は窮地に立たされたり、恐怖に見舞われたりしたときに、その心情を表に露わにして怒りを表現することがあります。

このような場合、可能であれば、窮地にある状況からいったん離れて、いっとき冷静さを取り戻す「**タイムアウト**」という方法も有効です。タイムアウトとは、その場からいったん離れ、自分の気持ちを落ち着かせてリセットすることです。もちろん、介護業務という仕事柄、利用者を1人にしてその場を離れることができる場合にのみ行ってください。

他の職員とも協力して、予見できる（あらかじめ想定される）ことなのであれば、業務によっては男性職員と交替するなどの対処を講じることも必要でしょう。問題を１人で抱えるのではなく、複数の関係者や組織として向き合い、介護現場の実情に合わせた対処の工夫を検討していきましょう。

▼「6 秒ルール」「タイムアウト」で気持ちを落ち着かせる

ここがポイント

- セクハラの問題には、「①当事者自身の怒りとの上手な向き合い方」と「②セクハラ行為についての施設での対処指針」という２つの課題がある。
- イライラしたら、その場からいったん離れて、冷静さを取り戻すタイムアウトを行うとよい。

事例4

3-4 度重なる入浴拒否にイライラ、ムカムカ

何度声かけしても入浴を拒むなど、いわゆる介護拒否をする利用者がいます。介護業務を進めるにあたっては、少々厄介だと感じてしまうこともあるはずです。あまりにも拒まれるとイライラしてしまいます。

太田さんは今日も入浴拒否

長嶋さん

太田さん、今ね、お風呂の準備ができましたよ～。
一緒に浴室に行きましょう！

太田さん

う～ん、えぇ～と、昨日も入ったから、今日は遠慮します。
毎日入るのは、ちょっと疲れてしまうから……また明日……

長嶋さん

（太田さん、昨日お風呂に入ってないし、また入浴拒否！）
昨夜も、ずいぶん暑かったですよね～、太田さんも汗かいたんじゃないですか？

太田さん

ほ～んと、暑くてなかなか眠れなかったわ。
汗でベタベタよ～！

長嶋さん

あら、それは大変ですね～。それなら、やっぱり今お風呂入ったほうが気持ちいいですよ！

太田さん

もう汗は引いてしまったので大丈夫！ お風呂は入りません！

今日もまた入浴拒否にイライラ！

太田さん、先日、娘さんから電話があって、「ちゃんとお風呂に入っているか心配」っておっしゃってましたよ

あら、そんな連絡が。それじゃあ、「ちゃんと入ってるから、心配いらないよ」って伝えておいてちょうだい、よろしくお願いね

（ちゃんと入ってなんかいないくせに！）
ところで、今お風呂が沸いたみたいなんですけど、一緒にお風呂場に行ってみましょうか？

あら、お風呂が沸いてるの？
それじゃ、あなた先にどうぞ！　私は後でいいから、あなたが先にどうぞ！

私はお仕事中ですから。
遠慮しないで太田さん、お風呂入りましょう！
気持ちいいですよ、さっぱりしますよ～！

……急にお腹がグルグルしてきたみたい。
もう少し落ち着いたら、入ることにするわ！

絶対入る気ないよね。言い訳ばっかり言って！

自分のイライラ感情と向き合おう

介護を頑なに拒むタイプの利用者は、どの介護現場にもおそらく１人はいるのではないでしょうか。介護職には１日の業務日程があり、できるだけオンタイムでスムーズに業務を進めたいと願っているはずです。そこにさまざまな利用者の個別対応が重なってくることで、次第に業務をオンタイムで進めることが難しくなり、イライラの原因になっているのです。

つまり皆さんの内面には、「業務はスムーズに進められるべき」というコアビリーフが潜んでいます。このコアビリーフと実際の状況にズレが生じることで、火花が飛んで着火し、怒りの炎がメラメラ燃え上がるのです。

怒りが燃えるためのオイルとなるのがマイナス感情です。それは毎日の業務の中で蓄積された、「何度も声かけしてるのに、いつも拒否される」「不潔、不衛生になって心配」といった徒労感、不満、切迫感などです。

▼怒りの火が燃えるメカニズム

あなたの怒りという感情を周囲へ伝染させてはいけない！

介護職は、事例のような状況に置かれると、何とかして入浴してもらいたいという想いに駆られます。これは主観である自分を中心として状況を捉えているからです。しかし利用者は介護職とは真逆の立場です。何とかして目の前の厄介な状況をうまく切り抜けたいと思っているかもしれません。

介護職は多忙なため、つい先を急いで業務を進めたいという気持ちになります。そのイライラや焦りは利用者へ伝わります。もしあなたが不機嫌な態度をとってしまうと、不機嫌は周囲にも伝染します。**怒りという感情は、上から下へ、そして周囲へ伝染する**のです。つまり利用者も今以上に不機嫌となり、成るものも成らなくなってしまいます。いったん気持ちを落ち着かせ、場を仕切り直して、違う角度から声かけしてお誘いしてみましょう。

▼怒り・イライラ感情は周囲に伝染する

ここがポイント

- ☑ あなたの中にあるコアビリーフを明確化し、どのようなマイナス感情があったか考えてみよう。
- ☑ あなたの不機嫌な態度は周囲へ伝染し、利用者も今以上に不機嫌となってしまう。いったん気持ちを落ち着かせ、場を仕切り直してみよう。

事例5

3-5 こっちは忙しいのに! マイペースな利用者にイライラ

高齢者は、ゆっくりでないと動くことができません。本来、介護職は機能低下した利用者を根気強く見守るのが役割ですが、やはり業務の煩雑さから、ついイライラしてしまうことがあるようです。

1つの動作に時間がかかる利用者についイライラ

介護現場は利用者本位。自立支援が基本とされている。だから排泄介助の場面でも……。

田中さん

山川さん、これでお尻拭きましょうか。
拭きました？　そしたら、ズボンを上まで上げましょうか

よいしょ、よいしょ、ちょっと待っててねぇ～、よいしょ、よいしょ

山川さん

ズボンをうまく腰まで上げられない。

田中さん

山川さん、お手伝いしましょうか～？

自分でやります！　待っててね～、よいしょ、よいしょ～

山川さん

なかなか思うように、ズボンを上げられない。

田中さん

ほら、もう私がやりますから……（ちょっとイライラ）

別の利用者も時間がかかってイライラ

田中さん

水野さん、お帰りなさい、気持ちよかった？　それじゃ、この下着はきましょう！
はい、ここに座ってください！　いつも時間がかかるから、私がやりますね！

そう声かけして、田中さんは、水野さんの着脱介助を始めた、すると……。

水野さん

ワシは自分ではく……自分ではく……

田中さん

水野さんも、かぁ……（汗）。
はーい、わかりました。それじゃ、パンツね、これはいてください

水野さん

はいっ、パンツね、よいしょ～

のろのろして、なかなかうまくはけない。

田中さん

（だから、1人ではできないでしょう……）
私がやろうか？ お手伝いします？

水野さん

手伝いはいらんって言ってるだろう！

田中さん

利用者に任せてたら、まったく仕事が前に進まないでしょ～（イラッ）

「行動が遅い」は重要なこと？ 重要ではないこと？

何に対して焦りを感じるかということには個人差がありますが、業務が忙しいときに、マイペースな行動をみると焦りを感じやすい人がいます。**もし「早くして！」とイライラしてしまったら、いったん呼吸を整えてから、このイライラしてしまった状況を許せるか否か、改めて考え直しましょう。**許せないという判断に至ったときは、2-9で紹介した「行動のコントロール（分かれ道）」を活用します。

さてこの事例の利用者2名に対しては、どのような選択肢を選べばいいのでしょうか。自立支援という観点からすると、利用者が自分でできることはそばでそっと見守りながら、その生活機能の維持・向上に努めることが大切です。自分自身で行うのが困難なことについては介護職が支援を行い、意欲的な生活を助けることが適切なかかわり方になるでしょう。つまり、この状況は介護職にとっても、利用者にとっても、「重要なこと」を選択したほうがよさそうです。

苛立ち・イライラ行動のコントロールの指標

行動を選択するにあたって迷った際に役立つ指標があります。3つの問いかけを基にした「**ビッグクエスチョン**」というものです。

ビッグクエスチョンとは、**①自分にとって、②周囲の人にとって、③長い目で見たときに、「心身共に健康的かどうか」を問いかける**というものです。つまり、介護職である自分、周囲の利用者、両方にとってこれから先、お互いに最善でいられるか否かということを選択の基準にします。

この指標に沿って、状況が「自分で変えられること」なのか、「自分では変えられないこと」なのか、行動の選択をしてみましょう。

介護職には、利用者の状態像を維持・向上するという、専門職として為すべき役割があります。ですから、仕事をスピーディに終えたいなどという理由で利用者を急かすことは、あってはなりません。つまりこの事例のような場合なら、「自分では変えられないこと」と考えるほうがよいでしょう。

イライラしてしまった介護職の田中さんは、たった１人で利用者を変えることはできませんので、他職種とも相談しながら、チームケアのもとで現実的な対応方法を検討するほうがよいでしょう。また大変さやイライラ感情を他職種とも吐露し合うことが非常に大切です。

▼苛立ち・イライラしたときの行動の選択に迷ったら

苛立ち・イライラしたときの行動の選択に迷ったら
「ビッグクエスチョンに沿っているか？」
を判断基準にしよう

◎ビッグクエスチョンとは？

①自分にとって…
②職員や利用者にとって…
③長い目で見たときに…

「心身ともに健康的かどうか？」を問いかけるもの

ここがポイント

- もし「早くして！」とイライラしてしまったら、行動のコントロールで、この状況は重要なことか否か、そして自分で変えられることか否かを考える。
- ①自分にとって、②周囲の人にとって、③長い目で見たときに、「心身共に健康的かどうか」を問いかけるビッグクエスチョンに沿って、行動の選択をする。

事例6

3-6 いつまでも寝てくれない認知症の利用者

介護職にとって、夜勤業務は孤独に苛まれ、不安と疲労が押し寄せる過酷な時間でもあります。認知症の利用者の言動はときに介護職のストレスを増幅させてしまいます。

今日の夜勤、何もないといいけれど……

太田さんには認知症の症状として昼夜逆転が時々みられる。夜勤の日はどうか寝てほしい……と長嶋さんはいつも願ってしまう。

長嶋さん

太田さん、おやすみなさ〜い。明かりを消しますね

太田さん

はい……おやすみ……。

ピンポーン♪　ピンポーン♪　太田さんの居室からコール。

長嶋さん

あれっ、太田さん、どうしました？

太田さん

誰か入り口に立っている人がいて……。私のほうをジッと睨んでいたのよ……

長嶋さん

(はぁ〜、今夜もまたか……)
太田さん、追い払いましたから、安心して寝ましょう

10分後。ピンポーン♪　ピンポーン♪　太田さんの居室からコール。

誰かいるみたい……すぐに来てください

太田さん

頼むから静かに寝てほしい～！

長嶋さん

太田さん、今度こそ追い払いましたから、安心して寝ましょう。
(毎晩、毎晩、疲れるなぁ～、介護記録も書かなきゃならないし、あぁイライラする～)

10分後。ピンポーン♪　ピンポーン♪　太田さんの居室からコール。

そこに男の人が立っているみたい……助けてぇ～～！

太田さん

長嶋さん

太田さん、今行きますねぇぇぇ (イライラ)

ちょっと、あなた、遅いわよ～。逃げられちゃったじゃないの～。
あぁ、まだ近くにいるかも知れないわ……

太田さん

長嶋さん

何にもいないっつーの！　明け方までずっとこの調子！
太田さんの対応に振り回されて仕事が何も進まないし……
認知症ってわかっているけど、イライラしちゃう……

夜勤業務のストレスは大きなマイナス感情を生む

夜勤業務は日勤に比べて職員数も少なく、その分、職員一人ひとりの責任が大きくなります。そのうえ、認知症の利用者はコミュニケーションを図ることが困難なため、対応に苦慮することもあるはずです。複数の介護職で対応できれば気持ちにも少し余裕ができますが、すべてを自分１人で対処しなければならないというプレッシャーが、ストレスを増幅させているのです。

ある研究において介護職の夜勤業務のストレスの要因を調べたところ、①不穏・多動な利用者の対応、②夜勤（少数あるいは１人夜勤時）の急変対応、③利用者対応が重なり優先順位を決められない、といった状況ではストレスが大きくなるという調査結果も明らかにされています。このことからも、**夜勤業務において困難な状況への対応を迫られたときのストレスは、大きなマイナス感情を生む原因になっている**ことがわかります。

▼介護職にとってのストレスの一因

苛立ち・イライラ感情をそのままにしない

夜勤業務は、１人あるいは少人数体制で対応を求められることから、孤独感に苛まれたり、１人で対処できるかという不安感を抱いたりすることがあります。ある研究調査によると、新人介護職は特にその傾向が顕著だとされています。

介護という仕事は、さまざまな種類の業務内容をマニュアルに沿って覚え、実行することが求められるだけでなく、その場の状況に合わせた都度の判断や、マニュアルにはない個別対応も求められます。新人の介護職が上司・同僚のいない夜勤中、１人で判断し対応しなければならない場面に出会うこともあるでしょう。それは想像を超えたストレスになるはずです。

また認知症の利用者に対しては、なぜ理解してくれないのだろうという焦り・苛立ちを覚えることもあります。さらに眠気や疲労からつらさが増幅され、こうした状況は全部、目の前の利用者が静かに寝てくれないことが原因だと思い込んで相手を恨むなど、大きく誤った理解につながる可能性があります。

こうした苛立ち・イライラ感情はそのままにせずに、上手に向き合うことが肝要です。そのままにしておくとマイナス感情が積み重なり、何かのきっかけで着火した場合、大きな炎になってしまう危険が高いからです。自らの労働環境の傾向を知っておくことも、怒りと向き合うためにはとても大切です。

ここがポイント

- ☑ 夜勤業務において対応困難な状況を迫られたときのストレスは、大きなマイナス感情を生む原因になっている。
- ☑ 介護という仕事がどういうものなのか、自らの労働環境の傾向を知っておくこともとても大事。

事例7

3-7 何度も同じ話ばかりする利用者にイライラ

利用者の中には、何度も同じ話を繰り返す人がいます。もちろん、原因は認知症などによるところなのですが、わかっていてもその日の気分によっては、ついイライラしてしまうことがあります。

認知症のせいとわかってはいるけれど……

高田さん

ちょっと、ちょっと、さっきから待ってるんだけど、ご飯はまだかなぁ？
お腹が空いて我慢ができないよ……

長嶋さん

高田さん、さっき食べましたよね～！

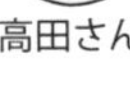
高田さん

ちょっと、この人、何言ってるの！　俺、まだ食べてないよ～！

長嶋さん

あ～、そうでした、そうでした……。
今準備してますから、お茶でも飲んで待っててください

高田さん

まだできてないの？　早くしてくれよ！

長嶋さん

はーい、すみません！
（まあ高田さん、認知症だし、しょうがないかぁ……）

何度も同じことに対応するのはつらいもの

長嶋さん

しかし高田さんは、ずっとこの調子……まいったなぁ

ちょっと、ちょっと、さっきから待ってるんだけど、ご飯はまだかなぁ？
腹が減ってるんだけど！

高田さん

長嶋さん

高田さん、さっき食べましたよね～！

なにっ！　このやろう！　俺に食わせないつもりだな～！

高田さん

長嶋さん

そんなことしませんよ！
今準備中らしいですから、もう少し待っててください……

おい、嘘ついてんじゃないのか～！　食わせないつもりだろ～！

高田さん

長嶋さん

そんなこと言ってないでしょー！（カチン！）

自己覚知により自身の内面を意識する

人は、何度も同じ話を繰り返し聞かされたり、同じことを繰り返し強いられることを嫌います。しかし、認知症の利用者の介護場面では、多くの介護職が事例のような経験をしているでしょう。

利用者が同じ話を繰り返すのは認知症の症状だと頭では理解できていて

も、苛立ちを抑えることができるとは限りません。「さっきも聞いた！」とか「何度も聞きたくない！」という感情が湧き上がってきてしまうと、その状況を強いられ続けることで次第にイライラ感情がエスカレートしていき、大きな炎となってしまうかもしれません。

下表は、厚労省が調査した、養介護施設従事者による虐待の発生要因の結果です。怒り感情が湧き上がって虐待に及ぶ要因として、「ストレスや感情コントロールの問題」が2割を超えていることがわかります。苛立ち・イライラ感情の暴走は、非常に重大な事態につながりかねないのです。

認知症ケアについての研修により、認知症への理解は深まりますが、それだけでは自身の感情を上手にコントロールすることはできません。自分がどのようなときにイライラしやすいのか、自分と向き合い、しっかり自己覚知して傾向を捉えておきましょう。

▼虐待の発生要因（複数回答）

内容	件数	割合（%）
教育・知識・介護技術等に関する問題	415件	56.2
職員のストレスや感情コントロールの問題	169件	22.9
虐待を助長する組織風土や職員間の関係の悪さ、管理体制等	159件	21.5
倫理観や理念の欠如	94件	12.7
人員不足や人員配置の問題及び関連する多忙さ	71件	9.6
虐待を行った職員の性格や資質の問題	55件	7.4
その他	19件	2.6

注：都道府県が直接把握した事例を含む739件に対するもの
出典：厚生労働省『令和3年度「高齢者虐待の防止、高齢者の養護者に対する支援等に関する法律」に基づく対応状況等に関する調査結果』

自分を通して利用者を俯瞰的に捉えよう

アンガーマネジメントでは、怒りが湧き上がる原因は、誰か（利用者）や出来事（同じ話）ではなく、自分の内面に潜むコアビリーフが裏切られた瞬間とされています。ですから、**自分がどのようなときにイライラ感情が湧き上がってくるのか自己覚知し、自分の内面と向き合うというのは非常に重要な作業です。**

そのうえで、第2章でお話しした3つのコントロールを通して、自分が今どのような行動をとる必要があるのか、怒りと上手に向き合い、自分を通して利用者を俯瞰的に捉えてみましょう。

さて、少し冷静さを取り戻せたら、認知症ケアの知識を活かす番です。利用者をこれまでは主観的に捉えていたために、「なぜ？」と理解できなかった部分を、客観的にリフレーミングし直してみましょう。

なぜ利用者はあなたにご飯をせがんでいるのでしょう。きっと毎日習慣的に食事をとってきた方で、まだ食べていない（かも？）と考えて、介護職にせがんでみたのでしょう。「この利用者だけに構っているべきではない」と思わずに、主観と客観を上手く使い分け、「このようなこともあるかもしれない」と、利用者対応の考え方を少し楽に捉え直すことで、気持ちも少し楽になるのではないでしょうか。

ここがポイント

- どのようなときにイライラするのか、自分の傾向を捉えておくことが大切。
- 「こんなこともあるさぁ」と、自分の中に潜む「～べき」の捉え方・考え方を少し変化させてみることで少し楽になる。

事例8

3-8 些細なことも厳しく叱責してくる利用者にカチン！

利用者の中には、介護職に対し、些細なことでもすぐに厳しく叱責してくる人がいます。介護職がよかれと思ってかかわったことでも、必ずしも喜んでくれるわけではありません。もし、そんな理不尽な態度をとられたら、あなたはどうしますか？

いつまでも先生きどりの利用者にムカムカ

小学校の教頭先生をしていた浜田さんは、他者に対しても道徳規範に厳しく、介護職はいつも叱責される毎日だった。

ちょっと、痛いわ！　もう少し丁寧に車椅子に乗せてくれない？

浜田さん

横山さん

痛かったですか？　丁寧に対応してるつもりなんですけど……

なによ、その受け答えは！　教育がなってないわねぇ、まず謝るのが当たり前でしょ！　ほんと今の若い子ときたら……

浜田さん

横山さん

すみません。次から気をつけますので……（ムカムカ）

いつもあなたの介護は痛いのよ！
今度同じことしたら、もう所長さんに言わないと！

浜田さん

横山さん

そんなぁ～、浜田さん、すみません！（ムカムカ）

誰にでも自分の道徳規範を押しつけてこないで！

横山さん

浜田さん、入浴の時間ですよ～。一緒に行きましょう～

浜田さん

ちょっと、またあなたなの～。今日は担当してくれる人変えてちょうだい！　もっと丁寧な人がいいわ～

横山さん

うちの施設は、誰が対応しても同じだと思いますよ……

浜田さん

またそんなことを！
私は、元は○○小学校の教頭なのよ。生徒からそんなふうに言われたことないわ！

横山さん

私は、浜田さんの生徒じゃないっつーの！

浜田さんは教頭をしていた頃を思い出したのか、大きな声で厳しい一言！

浜田さん

ほらー、ちゃんとしなさい！　他人から依頼を受けたら、どうするの！
返事は「はい！」でしょー！

横山さん

ほんと、もう嫌だ～

出来事の捉え方を変えてみる

利用者から思わぬ叱責を受けると、落ち込んだり、くよくよ考え込んでしまったりなど、ネガティブな意識に囚われてしまいます。これらのマイナス感情は、いわばライターのオイルです。強く叱責されたことがきっかけとなってマイナス感情に火をつけ、苛立ち・イライラ感情を燃え上がらせてしまいます。

第２章でお話ししたように、人を苛立たせるものは、実は自分の中に潜む「～べき」という想い・考え（コアビリーフ）です。事例の横山さんの心に潜む「～べき」を想像してみましょう。おそらくそれは、「私は仕事を頑張っているのだから、利用者から叱られる理由などない。むしろもっと感謝されるべき」といった気持ちではないでしょうか。

その気持ちに囚われてしまうとマイナス感情を増やすだけですので、こういうときは少し視点を変えてみてください。

「叱られた」のではなく、「自分の受け答えなどに至らない点があって、それを指摘してくれた」。

「いつまでも先生きどりでえらそうに」ではなく、「浜田さんは今まで教頭として常にこんなふうに威厳を保ち、頑張ってこられた」。

こんなふうに**物事をポジティブに捉える練習をする**ことで、少しずつでもそのように捉えられるようになってきます。

▼物事をポジティブにとらえる練習をしよう

苛立ち・イライラ感情の連鎖を断ち切る

介護職と利用者のやりとりは、両者の関係性を築くベースとなります。信用をなくすような対応をすれば、そのような関係性となりますし、少々性格が合わないなぁと感じていても丁寧な対応を心がけていくと、相手もいつしかそれ相応の対応をするようになります。

相手の言動を変えようとするのではなく、自分自身がどのように相手を捉えていくのかということが、怒りと上手に向き合っていく準備作業として大切ではないでしょうか。この事例のようにイライラしてしまうのはわかりますが、態度に表してしまうと、その感情は確実に利用者にも伝染し、関係性はさらに悪化してしまいます。ここで苛立ち・イライラ感情の連鎖を断ち切ることは、皆さんが実践できるアンガーマネジメントの１つです。

▼怒りの連鎖を断ち切ろう

お互いの人権を尊重し合い、良好な人間関係を築いていくために、アンガーマネジメントを人と人をつなぐ共通言語として役立てましょう！

ここがポイント

☑ 自分のことでも相手のことでもポジティブに捉える練習をすることで、少しずつでもそのように捉えられるようになってくる。

☑ イライラ感情が利用者に伝染しないように、あなた自身が苛立ち・イライラ感情の連鎖を断ち切ろう。

事例9

3-9 私物が盗られた!? スタッフを犯人扱いする利用者にブチッ

私物がなくなった、誰かが私のものを盗んだと介護職を疑う利用者がいます。疑われたほうはたまったものではありません。問答無用で犯人扱いされるとカチンときてしまう人も多いのではないでしょうか。

利用者・三井さんの物盗られ妄想

利用者の三井さんが、デイサービスで入浴した後、脱衣場で何かを探している。

ちょっとあなた、私の腕時計知らない？
朝、確かに腕にはめてきたんだけど……

三井さん

瀬川さん

三井さん、腕時計なんてしてましたっけ？

してきたわよ！　確かにここではずして……。
あぁそうそう、あなたに預けたはずよ!?

三井さん

瀬川さん

えっ、私に？　いえ、腕時計は預かってないですよ！

もしかして、あなた、盗ったんじゃない？　あなた、私がお風呂入っている間、ここで1人っきりだったでしょ！

三井さん

瀬川さん

えっー、三井さん、私そんなことしてないですよ！
一緒に探してみましょう。カバンの中は？
（なんで私が犯人扱いされなきゃいけないのよ！）

いつまでも私を疑わないで！

入浴が終わり、昼食後のレク活動中、三井さんが他の利用者としゃべっている。

○○さん、ちょっと聞いてちょうだい。
今日ね、オメガの時計をしてきたんだけど、お風呂に入っている間になくなっちゃったのよ。
どうもねぇ、ここの職員に盗られたんじゃないかと思うの。
(瀬川さんを指差しながら) 見て見て、あの人よあの人

三井さん、私、そんなことしてませんよー (引きつった笑み)。
今探していますので、○○さんも、ご一緒に！

そんなこと言って、ごまかすんじゃないの！　もしあなたのバッグから出てきたら、どうするのよ!?

主任が自宅にいる娘へ確認の電話を入れると、デイサービスには腕時計をつけて行っていない、自宅にあるとのこと。

三井さん、今娘さんにお電話したんですけど、腕時計、おうちにあるそうですよ！　よかったですね～

あら、あなたじゃなかったのね。でも盗りかねないわ～。気をつけないと……

さんざん疑っておいて、謝罪のひとこともなしとは！　ムカつく～！

イライラしてしまう自分を落ち着かせる言葉

自分の私物がなくなったと言い張り、介護職が盗ったのではないかと疑いをかける。特に認知症の方によく見られる「物盗られ妄想」というものです。こうした事態はしばしば発生するため、事業所ではスタッフにあまり高価なものを身につけないよう注意したり、居室や自宅では2名体制でかかわるようにするなどの対処をしているところもあるでしょう。

事例のようにどんどんエスカレートして他の利用者にまで話してしまうケースでは、さすがに「いい加減にしてよ」とイライラ感情も湧き上がってきますが、感情のコントロールの出発点は、ココです。

具体的には、衝動のコントロールで少し理性を取り戻します。その際、イライラしてしまった自分に対して、「無理もない、こんな状況なのだから」とねぎらってあげます。「大丈夫､大丈夫」「気にしない」「ファイト！」「まぁ、いいか～」などの言葉を自分にかけてあげてください。このような、自分の気持ちを落ち着かせる言葉のことを「コーピング・マントラ」といいます。

▼コーピング・マントラ

主観から客観へ、視点を変えて状況を見直す

自分が利用者から窃盗の疑いをかけられた当事者という立場のままでは、確かにゆったりとした気持ちになどなることはできないでしょう。それは、もはや介護専門職としてではなく、一個人として、"私"を疑っている目の前の利用者と対峙してしまっているからです。濡れ衣をかけられているわけですから、ムカムカしてしまうのも当然です。

そこでどうするかというと、いったん自分を何とも忌々しいこの状況の中から引きずり出し、俯瞰的に自分と利用者が向き合っている状況を見てみましょう。わかりやすく表現すると、2人のいる状況を空から覗いてみる。そこには自分という介護職がいて、その隣に疑いをかけてきた利用者がいて、その周囲に多職種がバタバタと忙しそうに動き回っているのが見えます。

このように、これまで見ていた狭い視点の枠を外し、少し違うフレームで見直してみる（リフレーミングという）ことで、「介護専門職としての自分」を取り戻せば、怒り・イライラ感情を少し冷静になってコントロールできるようになるはずです。

人は自分を否定されたり、疑われたりするのを嫌います。しかし職業上、認知症の利用者とかかわるのであれば、このような状況も想定内のこととして、冷静に向き合うことが可能となるのではないでしょうか。空から見た介護専門職の自分が一生懸命に業務に勤しんでいます。「お疲れさま」とそんな自分に一声かけてあげましょう。

ここがポイント

- イライラしてしまった自分に対して、ねぎらってあげることも大切。
- プライベート感情の自分は、空から客観視すると介護専門職である自分に捉え直すことができる。

事例10

3-10 ほかのヘルパーと比較ばかりする利用者にイライラ

ヘルパーが訪問した先で、利用者から「あのヘルパーさんは○○をしてくれたのに、あなたはしてくれないのか」とケチ呼ばわりされてしまうと、そのヘルパーにも利用者にもイライラしてしまいます。

ルール通りに仕事をしている自分が悪者にされて……

息子と2人暮らしの利用者・大野さん宅を訪問したときの出来事。

吉村さん、ついでに布団もベランダに干してくれないかねぇ～。

大野さん

吉村さん

あら、それって、息子さんの布団じゃないですか？それはできないことになってるんですよ、すみません

そこを何とか……息子はパチンコに出かけてばかりで、何度言っても手伝ってくれないんだよ～

大野さん

吉村さん

そうおっしゃっても、これは決まりなんです。前にもご説明しましたよね

そうかい、わかったよ！　この前来てくれた、えぇーと、鈴木さんだったかなぁ、新しい人。ちゃんとやってくれたけどねぇ、何も文句も言わずに「はいッ」てさぁ。決まり決まりって、吉村さんって融通がきかないねぇ～。次からずっと鈴木さんに来てくれるように伝えてくれないかねぇ～

大野さん

吉村さん

何でルールを守ってる私が悪者にされるの！（カチン）

誰にでも調子いいヘルパーのほうが、評価がいいのはなぜ？

数日後、再び大野さん宅を訪問したときの出来事

吉村さん

こんにちは。ヘルパーステーション秀和の吉村です！

大野さん

あれぇ、鈴木さんじゃないの？　吉村さんかぁ。まあ上がって、上がって。食事の仕度、お願いしますねぇ～

吉村さん

大野さんも一緒にお願いします！　味見をお願いしたいんです。あとこの料理のつくり方も教えてくださいね。大野さんもお上手だったんですよね？

吉村さんは、自立支援のためと考え、大野さんにも家事に参加してもらえるように声かけを行った。しかし……

大野さん

なんだい、この前来てくれた鈴木さんは、お布団で休んでいてください、全部やっておきますからって言ってくれたよ～。それに比べてきみは人使いが荒いね。私はしんどいんだよ

吉村さん

そうなんですか、すみませんねぇ～、気がきかなくて～（イライラ）
（また鈴木さんと比較してるし！　本当にイヤミな人ね！）

ストレスから自分を守るための怒り

吉村さんは、利用者の大野さんにイラッとしていますが、同時に同僚のヘルパー・鈴木さんにも、どうしてチームケアを壊すような支援を行うのかと怒りを感じています。

怒りという感情は、潜在的に感じている第一次感情（不安感や孤独感、疲労感、ストレス、恐怖など）を他者に理解してほしいという欲求が働いたとき、第二次感情として表出するといわれています。

また、**怒りとは、つらい環境やストレスから自分の精神を守るために、本能的に働く心の防衛反応**でもあります。これを**防衛機制（適応機制）**と呼びます。防衛機制は、実は無意識のうちにつらいストレスの原因となる相手に対して向けられるものであるため、知らず知らずのうちに攻撃的な対応を相手に対して行ってしまうことがあります。これは決して適切な行為とはいえません。

これに対して意識的に対処法を見つけ出し、ストレスを和らげる行動をとることを「**コーピング**」と呼びます。

ストレスコーピングとは

コーピングは、**①問題焦点型：原因を解決することを重視する**、**②情動焦点型：感情の制御を重視する**、という 2 種類に分けられます（諸説あり）。

①問題焦点型コーピング

ストレスの原因を根本的に取り除き、ストレス状態から抜け出せるように行動することです。

たとえば、人間関係など職場の環境を見直してストレスの原因から遠ざかる、家族や友人、上司や同僚など信頼できる人に相談するなどです。

「～べき」という頑なな思い込みから自分を解放し、考え方を修正するのも、問題焦点型コーピングの手法の 1 つです。

例）「他のヘルパーと比較ばかりして嫌だ」と考えずに、ヘルパーの業務に関心を寄せ、支援内容のズレを教えてくれている、と考えるようにする。

②情動焦点型コーピング

感情への働きかけを重視することで、つらい・苦しいなどと感じる気持ちを変容させたり、解消させたりして、ストレスをコントロールすることです。

たとえば、気分が暗くならないように、楽しいこと、好きなことを考える、物事のマイナス面ではなく、プラス面を見るようにする、などです。

例）利用者から他のヘルパーと比較されたり、揶揄されたりしたら、話題を少し楽しい話題に変えてみる。

「手を叩く」「小声でハイ！ という」「手首につけた輪ゴムをペチンと弾く」などの行動を合図として、ネガティブ思考をポジティブ思考に切り替えると決めておき、自分の感情をコントロールする方法もあります。

☑ 意識的に対処法を見つけ出し、ストレスを和らげる行動をとることを「コーピング」という。

事例11

3-11 ヘルパーをハウスキーパー扱いする家族への憤り

訪問先の利用者宅で、本人ではなく家族からさまざまな業務を依頼されることもあります。基本的に訪問介護計画に沿った対応を行うのですが、明らかにヘルパー業務から外れたことを無茶ぶりされると困ってしまいます。

庭の草むしりまでやらせようとする家族に怒！

大野さんは息子と二人暮らし。息子は素行不良で、少々問題を抱えていました。訪問すると息子から声がかかりました。

あぁ、今日はヘルパーの日かー！
親父、この頃どうなの？　介護のプロから見て、動けているほう？

大野さん家族

吉村さん

大野さん、最近ちょっと立ち上がるときにふらつきがあって、バランス悪くなっていますね

ほんとかぁー？　じゃあ、これからますます親父、何も家のことできなくなるじゃん。
あっ、そうそう、庭の草むしり、お願いできるぅ？　俺、今から出かけるから！

大野さん家族

吉村さん

息子さん、それはできないんですよ！　大野さんのケアプランに沿って支援させていただくことになっているので

大野さん家族

チェッ、それなら奥の僕の部屋の床もついでに磨いておいてくれない？　親父の部屋とつながっているようなもんだろ

吉村さん

大野さん、それもできないんですよ！　なんで、いつもそんな言い方されるんですか？　前にもご説明したはずなんですけど。お父様のことしかできないんです！

親子そろってヘルパーをハウスキーパーと勘違い

別の日、ヘルパー吉村さんが大野さん宅を訪問するが、インターホンを押しても誰も出てこない。大野さんの携帯電話にも何度かかけたが留守電だった。後日、訪問すると……。

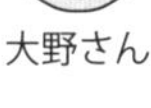

大野さん

すまん、すまん、私が留守の間にヘルパーさんが掃除をしてくれるわけじゃないんだねぇ～？　そうだと助かるんだけどねぇ～

吉村さん

私たちヘルパーは、大野さんに対してサービス提供をする必要があるんです！　前にも、何度もお伝えしていると思うんですけど……（イライラ）

大野さん

話は聞いたことがあるかもしれないなぁ、う～ん、どうだったか？
あなた、ハウスキーパーとは違うんだっけ？

吉村さん

ですからッ！！！　私はヘルパーステーション秀和の介護福祉士なんです！
大野さんがお１人では困難な部分をサポートするのが私たちの役割で……

まあ難しいことはよくわからないけど……ちょっと肩マッサージしてくれない？

ですから……（親子そろってまったく……お手伝いさんじゃないっての！）

相手の言動に反射的に応じてはいけない

「売り言葉に買い言葉」といわれるように、人は激しく罵られたり、想定外の言葉を浴びせかけられたりすると、頭に血がのぼって感情的な言葉を口にしてしまうことがあります。吉村さんは、利用者の大野さんからハウスキーパー扱いされたことで、一気にイライラ感情が湧き上がってしまいました。

しかし冷静に両者のやりとりを見直してみると、大野さんは悪気があったわけではなく、思いつきで言ってしまっただけのようです。アンガーマネジメントでは、必要があるなら適切に怒ってもよいとされますが、不要な場合は怒りの感情をコントロールするよう教えています。自分のイライラ感情と上手に向き合いながら、利用者や家族の自尊心を傷つけないよう、適切な言葉を選んで声かけを行うことが求められます。

相手とのコミュニケーションで使わないほうがいいタブー語

対人援助の場では、相手から想定外の言葉を投げかけられたときなどに、つい不適切な言葉を発してしまうことがあります。それを「タブー語」と呼んでいます（4-3 怒りを上手に伝える方法—伝え方のタブー語参照）。

さきほどの事例で、ホームヘルパーの吉村さんが発していた「なんで？」「いつも」はタブー語です。「なんで？」や「どうして？」「なぜ？」は、相手を責めているように受け取られてしまいます。「なんで？」と問われても、利用者や家族も、そもそも問題を理解していない場合もあります。

「いつも」や「必ず」「絶対」も強制的・断定的な物言いで、一方的に決めつけているように受け取られてしまうため、相互理解にはつながりません。

タブー語を使うと、話の主旨が伝わらないばかりか、相手からすると自分が責められているような気にさせてしまうため、かえって関係性が悪化してしまうのです。

それでは、吉村さんはどのように相手に伝えればよかったのでしょうか？例をあげてみましょう。

●NG
「大野さん、それもできないんですよ！　なんで、いつもそんな言い方されるんですか？　前にもご説明したはずなんですけど。お父様のことしかできないんです！」
●言い換え
「大野さん、申し訳ございません。ご要望はわかりますが、それはできかねます。お父様ご本人のことしかできないことになっているのです」

- 介護職は、利用者や家族の自尊心を傷つけないよう、適切な言葉を選んで声かけを行うことが求められる。
- 対人援助の場では、利用者や家族から想定外の一言を告げられたときなどに、ついタブー語を使用してしまうことがある。
- タブー語を使用すると、相手が思わぬ誤解をすることもあり、相互理解の妨げになることがある。

事例12

3-12 面会時に勝手な行動をとる家族、思い出すだけでイライラ

何度も説明しているにもかかわらず、利用者の家族の中には、自分の勝手な判断で、他の利用者を巻き込む事態を引き起こす方もいます。

他者の居室に入って勝手にお世話する利用者家族

田中さんが高田さんの居室を覗くと、高田さんがポータブルトイレに座っていた。驚く田中さん。

田中さん

高田さん、1人でポータブルトイレに移ったの？　どうして1人で座ってるの？

さぁ、見慣れない女の人が、おしっこ出たいなら手伝ってあげるって、手を貸してくれたんだよ～

高田さん

田中さんは隣りの居室へ急行し、山川さんの娘さんに尋ねて状況を把握した。

田中さん

やっぱり山川さんでしたか。なにか事故や怪我などあると大変ですので、もし今回のような場面を見つけたときには、ご自分が手を貸すのではなく、ステーションの介護職員に教えてください

あら、心配には及びませんよ！　私、以前は父の介護を家でずっとやってましたから。皆さんも、お忙しそうだったですし

山川さん家族

田中さん

いえ、山川さん、そういう問題じゃないんです！　勝手に他の利用者の介護を部外者が行うということに、責任問題が生じてしまうんです！（何でわからないかなぁ……イライラ）

言っても言ってもきかない人

山川さんの娘さんが帰宅後、田中さんが太田さんの居室を覗くとまたもや異変が。

田中さん

太田さん、この棚にあるお菓子、どうされたんですか？
甘いもの、間食しちゃダメなのに!?

太田さん

たぶん山川さんの娘さんだと思うんだけど、部屋に来て、太田さんもお菓子どうぞって、いっぱいいただいたのよ～

田中さんは、山川さんの娘さんにすぐに電話した。

田中さん

山川さんのお宅ですか？　秀和苑の介護士の田中です。さきほど苑にいらっしゃった際に、入所者の太田さんにお菓子を配られました？　そうですか、やはり……。あの、以前にも何度もお願いしていますけど、ご利用者様の中にはカロリー制限のある方もいらっしゃいますので、お菓子をあげたりするのは控えていただきたいんです

山川さん家族

あら、そうだったの、でもうちの母だけに置いてくるのもねぇ～。なんか他の方々に申し訳ない気がして

田中さん

いえ、ともかく他の利用者様には、絶対にあげないでいただきたいんです（勝手なことをしないで！）！！！

田中さんは仕事を終えて帰宅後も、山川さんの娘さんの一件で、ずっとイライラし続けてしまった。

あぁぁ、なんかイライラする！　気持ちが晴れなくて苛立っちゃう（泣）。
なによ、あの言いぐさ！

苛立ち感情をいつまでも感じたままにしておかない

1-8 で怒りには大きく 4 つのタイプがあると述べましたが、このケースは「持続性がある」タイプです。いったんイライラしてしまうと、いつまでも苛立ちを手放すことができず、ずっとイライラしてしまう、そして思い出すと再び、かつて抱いた怒りが再燃してしまうタイプです。

怒りの持続性が高い人は、怒りを招く出来事が繰り返されると、限界を超えて我慢できないほどの怒りが燃え上がってしまう危険性があります。そうならないためにも、**怒りの感情を抱いたと自覚したら、そのことについて考えるのをいったんストップして、別の興味・関心事へ視点を移すことが必要**です。日ごろから趣味や、興味・関心のあるものを 1 つは準備しておき、怒りが再燃した際に、あえて別のことを考えてみる練習をしておくとよいでしょう。

「今」「ここ」に集中する呼吸の瞑想

田中さんのように、過去の出来事が頭をよぎり、再燃してイライラしてしまうという人は、いったん過去の自分から解き放つために、目先の出来事から意識を別のところへ移動させるなどして、距離をとる工夫をしたほうがよいでしょう。おそらく苛立ったときの出来事を、原因となった人はすでに忘れていることも多く、イライラしているのは自分 1 人ということもあるはずです。そんな怒りに振り回されるのは、ある意味とてもばかばかしく、自分の一人損になってしまうこともあります。

そこで、イライラした出来事に囚われている状態からいったん気持ちを切り離す「マインドフルネス」という方法を紹介します。人は、過去の失敗や未来の不安を考えて、「心ここにあらず」の状態を長く続けていると、自分で不安やストレスを増幅させてしまいます。マインドフルネスは、こうした「心ここにあらず」の状態から素早く抜け出し、心を「今」に向けた状態にします。

マインドフルネスについて

マインドフルネスには、呼吸瞑想、食べる瞑想、歩く瞑想などがありますが、今回は**呼吸瞑想**についてご紹介します。

自分の「吸って、吐いて」の呼吸に意識を向けます。頭に浮かんでくるイメージや感情の移ろいに気づいたら、再び自分の呼吸に意識を戻して、「今」「自分の心、生きている自分」を感受するのが呼吸瞑想です。

マインドフルネスもアンガーマネジメントとともに感情のコントロールに活かせる実践手法ですが、すぐに効果が実感できるものではありません。常に意識的に取り組み、自分の日常に取り入れていけるように心がけることで、感情コントロールが上手くできるようになってくるでしょう。

ここがポイント

- 怒りが再燃した際には、日ごろから準備しておいた自分の趣味や興味・関心のあるものなど、別のことを考えるようにするとよい。
- 過去の失敗や未来の不安を考えて、「心ここにあらず」の状態を長く続けていると、自分で不安やストレスを増幅させてしまう。

事例13

3-13 何にでもクレームをつける家族

何にでもクレームをつけたがる利用者や家族がいます。悪気があってのことではないにせよ、あまりにも細かなことに対してだと、介護職としても黙っているわけにはいかなくなるものです。

頻繁に面会に来て細かなことを気にする家族

浜田さんの娘さんは、月・水・金曜と１日おきに面会にやってきて、前日の様子をスタッフに問い質す。今日、答えているのは横山さん。

横山さん

昨日はレク活動にお誘いしたんですけど、そんな子どもっぽいことやりたくないって、怒り出しちゃって……

浜田さん家族

え、レクさせてくれなかったんですか？　じゃあ１日中、ぼんやり過ごさせたってわけ？　それはちょっと困りものねぇ～。皆さん、介護のプロなんだから！

横山さん

はぁ、まあ、そうなんですけど……。浜田さん、おとといのレクでちょっとお疲れのご様子だったのもありまして

浜田さん家族

そうなの!?　体調変化があったのなら、すぐに連絡をくれなきゃ！

横山さん

はい……。（おとといのレクのときは娘さんも一緒に見てたでしょ！）

細かすぎるクレームにイライラ

今日も、浜田さんの娘は朝から面会にやって来た。

こんにちは！　昨日からの雨降りで、こちらへいらっしゃるの大変でしたね

あら、横山さん、どうも。ところで、今見たら母が靴下をはいていなかったんだけど？　お願いしましたよねぇ？

あぁ、靴下ですよね～。今日は雨降りですけど、気温がこれから上昇してムシムシしてくるかと思って、さっきご意向をお聞きして脱がせちゃいました！

脱がせた？　お願いしたのに勝手に判断しないでほしいわ！母は昔から、雨の日には足の古傷がうずくと言って、靴下を欠かしたことはないのよ！

わかりました。申し訳ございません（前にも何度も何度も聞きました～ムカムカ）

それから、母のタンスを見たら、下着が足りない気がするの。誰かのものと紛れてしまったんじゃないの？　もっとしっかり管理してほしいわ！　あと、あれについてもこれについても……

もう、この人ホントにクレームが細かすぎる～！（イライラ）

あなたの「〜べき」を逆転の発想で考え直してみる

利用者の家族にもさまざまな人がいます。もっと本人に関心を寄せてあげてほしいのに無関心でまったく連絡してこない家族。反対に、頻繁に面会に来ては、あれこれとクレームや申し入れが多い家族。利用者と家族の関係性は他人にはわからないため、安易に立ち入ることはできません。

ここで大事なのは、あれこれと要望を受けた介護職が苛立って、利用者家族に粗雑な対応をしないことです。それは両者にとって後悔する結果になります。イライラ感情としっかり向き合ってコントロールしつつ、その場を切り抜けましょう。

たとえばあなたのコアビリーフが「介護方法は専門である介護職に任せるべき」という考え方なのであれば、「連絡してこない家族も多い中、この娘さんは親の介護に関心を寄せてくれる」と、ポジティブに捉え直してみてはいかがでしょうか。

クレームが多い家族が抱えている問題

こうした細かなクレームを多数寄せてくる家族は、実は本人も何らかの問題を抱えていることがあります。それが介護対応への細かなクレームというかたちで表出している可能性があります。

対応方法としては、細かなクレームに対して、イライラした感情に任せて反射的に言い返したりせず、**その場は衝動のコントロール（反射せず6秒待つ）でいったん落ち着き、むしろ家族のクレームをとことん傾聴してほしい**と思います。

「また何を言われるんだろう……」などとネガティブに捉えたり、「面倒だなぁ〜」と逃げずに、「そうだったんですね、大事なことに気づかずに申し訳ございませんでした」「この件については承知しましたので、今後は徹底いたします。ほかにはございませんか？」などと声かけし、むしろこちらから積極的に向き合おうとしたほうが、相手にとっても好印象です。そのうえで要望は一度預かって、施設としての対応については、ソーシャルワーカーやケアマネジャーを交えたケアカンファレンスを早急に開催して検討し、できるだけ早めに返答する旨を伝えるのがよいでしょう。

民間企業においては、クレームはヒット商品の肥やしなどともいわれるように、利用者・家族からのクレームは、迅速に解決することで、逆に信用回復につなげることもできます。最も怖い利用者・家族とは、何も言わずに他事業所へ移って行く人です。そういう意味でも、クレームには前向きに対応することが、介護職の皆さんにとっても、事業所にとってもプラスに働くことになるでしょう。

▼クレームを言われたときの対応方法

- 自分の「～べき」を明確にし、見方を変えて家族を捉えてみる。
- クレームの多い家族は、内面に不安や不満、不審、恐怖、孤独感などマイナス感情を抱いている可能性がある。
- クレームの多い家族に対しては、逃げずにむしろとことん傾聴姿勢をとることが大事。

事例14

3-14 介護に対する考え方が合わない同僚とのトラブル

　事業所の種別や規模にもよりますが、介護職は複数名のチーム編成で業務に当たっています。さまざまな性格や価値観の人が協働しているため、人間関係の合う・合わないも出てくるでしょう。お互いに自己主張を押し通してばかりいると、トラブルになり働きにくい職場になってしまいます。

介護に対する考え方の違いでギスギス

利用者のオムツ交換、急がなきゃ！

長嶋さん

田中さん

ちょっとちょっと長嶋さん、利用者さんが話しかけてるでしょう、返事くらいしてあげなきゃ！

ああ、いいのよ。太田さんは。
それよりさっさとオムツ交換を終わらせなきゃ。遅れてる、遅れてる～

長嶋さん

田中さん

ちょっと、そんなことでいいのかな？
スピードも大事だけど、利用者に寄り添っていない介護は嫌！

ふん！　理想の介護ねぇ。1人で頑張って！

長嶋さん

お互いの介護観の違いが対立してしまいイライラ

ちょっと長嶋さん、入浴後に軟膏を塗布したら、少し乾かしてから靴下はかせるのよ。ちゃんとやってくれる？

忙しいときに、そんなの待ってられます？
太田さんは認知症でよくわかってないし、すぐはかせても誰にもばれませんよ

そんなの、手抜きじゃない！　ダメよ、ちゃんとかかわろう！　長嶋さんって、業務の効率ばかり考えてるよね

田中さんこそ、きれいごと、理想ばかり言ってる気がするわ

自分の介護観を押しつけない

田中さんと長嶋さんは、いつもこのように自己主張が対立してしまい、お互いにイライラしながら業務に当たる日々が続いていました。

自分にとっての「正しい」が、相手にとっても正しいとは限りません。しかし、人はとかく自分が正しいと思うことを、相手にも認めさせようとしがちです。事例の田中さんは長嶋さんの介護観に共感できず、自分の介護観のほうが正しいと感じています。そこで、何とかその考え方を長嶋さんにも認めさせようとしたのですが、なかなかできずにイライラしてしまいました。

おそらく田中さんの主張は「長嶋さんも利用者ともっとかかわるべきなのに、効率ばかり主張するから頭にきた」というところでしょう。

田中さんのコアビリーフが強いこだわりとなって、イライラの炎を燃え上がらせてしまいました。これまで述べてきたアンガーマネジメントをもとにすると、イライラの原因は長嶋さん（誰か）でもなく、手抜き介護を見たこと（出来事）でもありません。田中さんのイライラの原因は「手抜きせずにちゃんと介護すべき」という、自身のコアビリーフなのです。

▼田中さんを苛立たせているもの

田中さんを苛立たせているもの

× 長嶋さん(誰か)

× 手抜き介護してる！(出来事)

田中さんのイライラの本当の原因とは？

「手抜きせずにちゃんと介護すべき」
という自身のコアビリーフ

自分も相手も大切にする自己表現のしかた

先に述べた「自分の介護観を押しつけない」という接し方は、自分の介護観を大事にするとともに、同僚の主張にも配慮した表現方法を考えましょう、というものです。これは「アサーション」といわれる認知行動療法の１つです。アサーションについては、第５章で詳しく解説します。

田中さんはまず、「世の中には効率的に業務をしたいと思っている人もいるかもしれない」という多様性を認め、相手の考え方と自分の考え方の共通点、類似点、相違点をそれぞれ認識して認め合い、互いに理解し合える着地点を探っていくとよいのです。違っているからと即否定するのではなく、長嶋さんの言い分にもきちんと耳を貸す姿勢が大切です。

▼お互いの価値観を認めたうえでやりとりする

他者の介護観に迎合し、
自分の考えを述べない

自分の介護観だけを優先し、
相手の考えを聞こうとしない

アサーション

自分の介護観をまず大事にしながら業務を行い、
そのうえで相手の主張にも配慮しながらやりとりする

ここがポイント

- ☑ 価値観が合わない同僚との業務でイライラしていたら、まずは自分の中に潜む「〜べき」を洗い出してみること。
- ☑ 自分の考えも相手の考えも大事にすることで、対人関係を壊すことなく、業務環境を良好にできる方法がアサーション。

事例15

3-15 苦手な利用者の対応を押しつけてくる同僚

職場にはさまざまな人々が働いています。業務スキルもさまざまで、そこには多様性があります。それだけに人間関係のトラブルもつきものかもしれません。もし人間関係がこじれた場合、どのように対処したらいいでしょう？

ある日の夕食介助後

ピンポーン♪　ピンポーン♪　コールが鳴っている。

あー、田中さん、取り込み中なので、対応よろしくおねがいしま～す！

長嶋さん

田中さん

え？　私も手がふさがってるんだけど？

介護士さん、ちょっといいかねぇ、晩御飯はまだかしら？

太田さん

(もう、また太田さんか……)
田中さん、太田さんのことお願いしていい？

長嶋さん

田中さん

ええ～、また私？　長嶋さん、手が空いていそうに見えたけどな。何か感じ悪い（ムカムカ）！

次の日の午前中

長嶋さん、太田さんの誕生カードの作成担当だったわよね？
どこまで仕上がってる？

カードづくりは田中さんのほうが上手でしょう？　きっと
太田さんも田中さんのカードのほうが喜ぶと思うから、代
わってくれませんか？

長嶋さんは、田中さんにつくりかけのカードを差し出した。

そんな、私、先月担当したばかりよ～！
今月は長嶋さんが担当って決めたじゃない！（ムカムカ）
苦手な業務を他人に押しつけてくるの、やめたほうがいい
と思いますよ！

えええ、私、いつもそんなことしてないですけど……。
田中さんのほうが何でも業務をこなしてくれるから……そ
れでいいんじゃないですか？

何でも押しつけてくる同僚を許せるor許せない？

田中さんは、やりたくない業務はいつも他人に押しつけてくる長嶋さんの態度がどうしても許せず、イライラが爆発寸前です。

ここで、アンガーマネジメントを活用してみましょう。まず、その場で反射的に長嶋さんに反論せずに、6秒待って（衝動のコントロール）クールダウンしましょう。次いで、2-7で紹介した「三重丸（思考のコントロール）」で、この状況は許せるのか、許せないのかを考えてみます。

「許せる」となれば双方の価値観や考えは一致しているので、長嶋さんの希望を受け入れてよいということになります。「許せない」となった場合は自分と長嶋さんの価値には相違があるため、どう対処するか、2-9で紹介した「分かれ道」で方法を選択します。

▼今の状況を許せるか許せないのか考えてみる

自分でできること・重要なことは何だろう？

長嶋さんの言動がどうにも許せないとなった場合はどうすればよいでしょうか。

まずこの状況は、「自分で変えられる」か「自分では変えられないか」を考えます。さらに、「重要なこと」なのか、「重要ではない」のかを考えます。重要であれば優先して取り組みますし、そうでなければ放っておくという選択肢も考えられます。なお、**「重要／重要ではない」の判断は、田中さんと長嶋さんの二者の間の問題としてだけではなく、ケアチーム全体の問題として捉えるべきでしょう。**

また長嶋さんの仕事に対する姿勢については、お互いに意思の疎通をはかり、誤解のないようにするなど、田中さんが自分から働きかけることで変えられることもありそうです。ただお互いにイライラして感情をぶつけ合うのではなく、順序立てて意思を確認し合うことで、相手の理解にもつながり、これまでにはない関係性を築くことができるチャンスかもしれません。

▼行動のコントロール（分かれ道）でどう対処するか考える

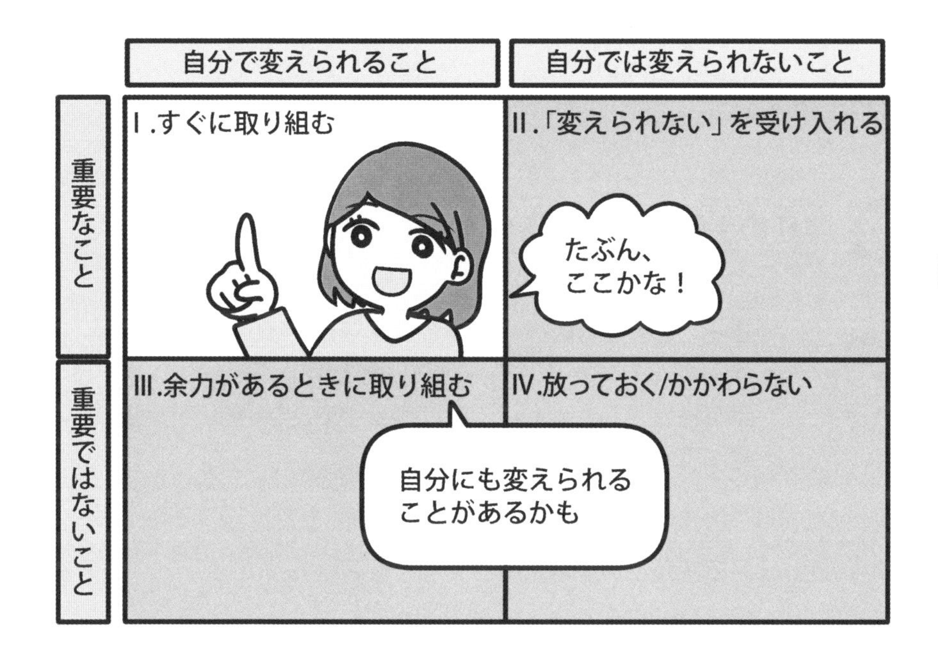

ここがポイント

- アンガーマネジメントの実践は特別なことではなく、身近な職場でこそ取り組んでいく必要がある。
- この事例での「重要なこと」の判断は、田中さんとそれを含むケアチーム全体にとって重要なことか否かで考えるとよい。

事例16

3-16 業務をテキパキできない部下

介護リーダーの田中さんは、つい部下も自分と同じようにテキパキと動くべきと思ってしまいます。チームケアである以上、他のスタッフの業務の流れを滞らせてしまうのは問題がありますが、どうすれば部下が素直に上司の意向を聞き入れてくれるのか、嫌味のない建設的な指導ができるのか、常に模索しています。

業務の手際が悪い部下にいつもイライラ

あら、太田さんのベッドがシワシワじゃない！
太田さんのベッドメイキングしたの早川さんよね？
前にも注意したけれど、まだうまくできないの？　何度も言ってるわよね！

あれじゃダメですか？　丁寧にやってるつもりなんですけど……

つもり、じゃダメなのよ！　しかも太田さんの横シーツも忘れてる！
もっとテキパキとやってちょうだい！　もう！

はい、すみませんでした。気をつけます……

部下がタラタラ仕事してると、ついカチンと来ちゃう

田中さん、ベッドメイク終わりました！

早川さん、ベッドメイクに今までかかってたの？
すぐに入浴終わって出てくるから、さっさと着脱介助の手伝いに入って！

田中さんは、早川さんが行ったベッドメイクを確認しに行った。

やっぱり、昨日注意したのにシーツはシワだらけ……。
時間もかかりすぎ……あーーーッイライラするーッ！

田中さんは、何度注意してもテキパキと仕事をできない早川さんに、今日もまたイライラ・ムカムカしていた。

すみません……どうやれば早くきれいにできるのかなぁ

早川さんは田中さんを見ると、ビクビクしている。

もういいわ、私がやるほうがよっぽど早いわ！！

部下のコーチング　―「叱る」はOK、「怒る」はNG―

介護リーダーは、日々の介護業務がスムーズかつ安全に進められるよう、あらゆる方向に神経を張り巡らせながら業務を行っています。そのため自分が考えていたように業務が進まないと、ついイライラしてしまうこともあるかもしれません。しかし、自分中心の指導では部下は動いてはくれません。

部下の些細な言動に対し、なんでもかんでも目くじらを立てる介護リー

ダーには注意が必要です。あなたが「叱る」と思っていた指導は「怒る」になっていませんか？

「怒る」は感情を相手にぶつける叱責です。意識の中心は自分に向いており、イライラした感情のはけ口として、部下に怒鳴ってしまうことです。

「叱る」とは、部下がどのように対処すべきか解決策も一緒に助言することです。「自分は何について叱っているのか」「部下に何について気をつけてもらいたいのか」「どうすれば改善できるのか」を部下と共有していくとよいでしょう。

▼「怒る」と「叱る」の違い

●「怒る」は、嫌な感情だけが相手に伝わってしまう

イライラした感情がそのまま相手に伝わってしまい、何を改善してほしいのか、なぜ怒っているのかという真意は、何も相手には届いていません。結果として相手は何も改善されず、人間関係だけが悪化してしまいます。

●「叱る」とは、部下がどのように対処すべきか解決策も一緒に助言すること

「早川さん、シワを作らないベッドメイキングは、利用者にとってもとても大事だよね」
「ここをつかんでグッと引っ張ると、ほらこんな感じで、シーツがきれいに…あとで一緒に練習してみようか」

叱り方にも注意が必要

部下を叱っていいのは、業務内容や業務姿勢についてです。これらはすべて改善することができるからです。相手の人格や能力、性格は生まれながらのものであって、努力では改善できないことでもあります。ですから、「あんた性格悪いね」など、自分のイライラ感情に任せた言動はNGです。

職員は一人ひとりスキルが異なり、また業務の覚え方にも個人差があります。他の職員などが大勢いるところで、一個人を叱責するのは避けたほうがいいでしょう。これは叱責された職員の自尊心をひどくおとしめてしまうため、やる気を失ったり、ひいては叱責した上司を恨んでしまったりなど、かえって逆効果となります。叱るときは、相手の能力や置かれている状況に配慮し、決してイライラ感情を相手に見せないように注意して、マンツーマンで対応するのがよいでしょう。

ここがポイント

- ☑ 部下を指導する際には感情的に怒るのではなく、相手のためになる助言をするつもりで。
- ☑ 人格・能力・性格には触れず、人前ではなく場所をわきまえて指導するのが部下に対しての心遣い。
- ☑ 叱るときは、相手の能力や置かれている状況に配慮し、決してイライラ感情を相手に見せないように注意して、マンツーマンで対応する。

事例17

3-17 自分のお手柄をやたら自慢したがる部下

人には誰しも自分が認められたいという承認欲求があります。しかし介護現場では、自他ともに認め合おうとするチームワークを大切にするため、「自分だけ」という考え方はあまり受け入れられないと考えるところがあります。

お調子者の新人職員にちょっとイラッ

横山さん

先輩、この前野村さんの息子さんが面会に来たとき、私が担当してくれて本当によかったって感謝されちゃったんですぅ！

田中さん

何も横山さんだけが感謝されたわけじゃないと思うけど

横山さん

えー、でも私が担当してくれてって……

田中さん

横山さんまだ若いから、社交辞令とかわからないかぁ。
でもなんでもかんでも、私、私っていうのよくないよ～。
(まあ、新人に腹立ててもしょうがないかー)

自慢ばかりするのやめて！

遠藤主任

この前の監査のときに、介護記録がよく整理して書かれていますねって、施設長、褒められたみたいよ

主任、それって私の提案で書いた様式ですよね？
記録システムのカスタマイズの文例入力のところ

へぇ〜、あれって横山さんのアイデアだっけ？　それは凄いね！

え、そうだったかな？　会議でみんなで話し合ったアレだよね!?

田中先輩、あれって私の提案だったでしょ！
私が担当になって文例を検討したんですよ！！
あれ結構大変だったんですよ。主任、私頑張りましたよ〜

いやぁアレってみんなで考え直したでしょ！
横山さんだけじゃないじゃん！　みんなで文例を持ち寄ろうって決めたじゃない！（カチン）
(何でも私、私って言うのやめてくれないかな。しかも遠藤主任にさぁ！)

田中さんは何でも自慢げに話す後輩の横山さんが気に入らないようだ。

イライラするけど、怒ったら負け？

田中さんは、やたらと自慢げに話をする横山さんの態度にイライラしていますが、自分は先輩なのだからこんなことで怒ったら大人気ないと我慢しているようです。イライラ感情は日に日に増幅して、いつか爆発してしまうかもしれません。

しかし田中さんは「怒り」というものに対して少々誤解しているようです。

①怒ったら負け、怒ることは悪いことだと思っている→（×）
②怒りという感情と向き合わず内面に押し込めてしまおうとしている→（×）
③怒ったら負け、自分ではコントロールできないものだと考えている→（×）

皆さんも、怒りと上手に向き合いましょう。

▼怒りを我慢せずに上手に向き合おう

怒ることは大人気ないと考えていますが…

田中さんは、横山さんの態度に苛立ちながらも、そのイライラ感情と向き合おうとはしていません。これまで一般的に「怒り」とは人間の１つの感情にすぎないと考えられてきました。また、抑えきれず乱暴な表現方法で相手やモノに当たったりしてしまうなど、コントロールできる対象だとも考えられてきませんでした。しかし、この事例のように**両者にとって人間関係に摩擦が生じている場合、「怒り」という感情は時に解決へのきっかけとしての原動力になることもある**のです。田中さんにとって、決して軽視できない大事な感情です。

そこで「分かれ道」により、4つのどれを選択するかということになります。一例として一緒に考えてみましょう。

①「重要なこと」or「重要ではないこと」
⇒田中さんにとって重要ではない
②「自分で変えられること」or「自分では変えられないこと」
⇒田中さんには変えられないこと

横山さんの言動は、田中さんにとって重要ではなく、かつ自分では変えられないことです。つまり、横山さんの態度については、放っておくのがよいのではないでしょうか。ただ、後輩思いの田中さんが、後輩教育という視点から「重要なこと」であると判断するならば、このような態度（性格）の横山さんを受け入れつつ、その立ち振る舞いが、彼女にとって不利益になることをしっかり説明し、お互いの理解を深めることも1つの方法となるかもしれません。

ここがポイント

- 「怒り」は我慢するのではなく、上手に向き合おうとすることが大切。
- 重要なことか否かの判断は、自分にとってだけではなく、自分が所属する職場にとってなど、視野を広げることで判断しやすくなる。

事例18

3-18 責任を押しつけてくるパワハラ上司

上司が部下の責任を負うのは職業人としての常識と思いきや、責任を新人職員に押しつけてしまう上司も中にはいるようです。

自分のミスを棚に上げて、部下のせいにする上司

遠藤主任は、利用者家族から「午睡をとると夜間に寝なくなってしまうので寝かせないでほしい」と送迎時に伝えられた。しかし申し送りすることを忘れてしまった。

横山さん

主任、○○さんのご家族から、連絡帳に「午睡をした」とあったが、どういうことか！　って電話が入っています

遠藤主任

はい、その～、申し送りで全職員に伝えたんですけど……、新人の横山という職員が誤って寝かせてしまいまして……申し訳ございません……

横山さん

主任、ちょっといいですか！「全職員に申し送りで伝えた」？私たち午睡させないなんて聞いてないですよ!?

遠藤主任

そうだったかなぁ、言ってなかったかな!?
とりあえず横山さん、新人なんだから、わからないことは自分から聞いてこないとダメだよ！

横山さん

えぇー、私のせいですか!?
主任が依頼されたのに伝え忘れたんですよね!?（ムカムカ）

自分のミスを認められず、ついには逆切れ

シフトの発表。田中さんが確認すると、自分の希望日が休みになっていなかった。

田中さん

主任、ちょっとよろしいでしょうか？
来月のシフトの件なんですけど、18日（日）に休みの希望を出していたんですが？

遠藤主任

そうでしたっけ？　えーと、ちょっと待ってくださいね。
あぁ、そうかぁ……見てなかったなぁ。でもその日はみんな希望出してまして……希望に添えなかったということで……

田中さん

ちょっと待ってください！　そんなのおかしくないですか！　私、他の日はまったく希望出してないんですよ？
その日は子どもの用事なんです。主任もお休みですか？
代わっていただくことはできませんか!?

遠藤主任

それは無理です！　私も用事があって。大人気のフェスのチケットが取れたんですよ！

田中さん

主任、シフト希望を見落としてたってことじゃないんですか!?

遠藤主任

いや、そんなことはないよ～！　っていうか、いつも日曜日ばかり希望出さないでくれます？　こっちだってシフトづくり大変なんだから！

自分のミスを認めず、ついには逆切れする遠藤主任だった。

目の前の出来事に感情的になって流されない！

「上司たるもの、部下の責任をとるべき」と思いがちですが、上司にも部下にもさまざまなタイプの人がいます。皆さんの上司はいかがでしょうか。

この事例のように、業務のミスを部下のせいにしてしまう上司はまさに最低の上司ですが、だからといってムキになってしまうのは皆さんにとって損となる行動です。

ここでまず皆さんが真っ先になすべきことが２つあります。それは**自分の感情のコントロール**、２つ目は**現実の出来事への対処**です。アンガーマネジメントは、決して「怒らない」ことを提唱しているわけではなく、もし怒ることが必要であるならば適切に自分の苛立ちを相手に伝えることが大切だとしています。まずはアンガーマネジメントの衝動・思考のコントロールを実践してみましょう。

▼感情をコントロールし、出来事への対処を！

対人関係トラブルの現実的な対処 ―アサーション―

対人関係のトラブルは、介護という仕事にはつきものといっていいでしょう。上司・部下の関係では、「確認ミスなんだから、責任を取って私とシフト変わってください！」などと本心を相手に伝えられないこともあります。そこでこのような対人トラブルの対処には、アサーションを活用するとよいでしょう。

アサーションは自分も相手も大切にしながら対話するコミュニケーション技法です。この場合、上司のミスのみにフォーカスして、悪いのは上司だと糾弾しても、問題の解決にはなりません。そこで上司のミスはいったん横へ置いて、どうすれば両者にとってよい結果につながるかを考えてください。もし休暇の要望を受け入れてもらいたいのであれば、代わりに上司の要望を受け入れる、上司の他のよい面を認めるなど、ギブアンドテイクを念頭に考えてみましょう。

- ☑ アンガーマネジメントは、怒ってはいけないのではなく、必要ならば適切に自分の苛立ちを相手に伝えることが大切だとしている。
- ☑ 上司のミスによるトラブルでは、ミスにフォーカスせず、両者にとってよい解決策を考えてみる。
- ☑ 対立したり、遠慮して何も言えないままではなく、自分の意見・考えを率直に相手に伝え、それを受け取る相手の気持ちにも配慮する。

事例19

3-19 経営面の都合ばかり押しつけてくる上司

介護職は利用者本位の理念に沿って、日夜、多忙で煩雑な業務と向き合っています。一方、施設長など経営陣は、施設の運営を滞りなく進めることに余念がないはずです。両者の考えは双方とも正しいのですが、ときに相反することもあります。

利用者の安全より経費節減なの？

お〜い！　ちょっと。日中は廊下の照明がもったいないって言ってるでしょう

すみません、でも今日はなんか天気が悪くて、廊下もご利用者様には薄暗いかなぁと思ったので

電気代、高いからね。田中さん、家の照明もマメに消さないと！　ルーズじゃダメダメ！

ルーズって、どういうことでしょうか!?　ちゃんと気をつけているつもりです！　廊下の照明が暗くて利用者様が転倒したら危ないので……（イラッ）

わかったわかった、それはその通りですけどねぇ。まぁ次から気をつけてくれればいいので！

田中さんは唖然とした表情のまま固まってしまった。

利用者への理解不足にイライラ

田中さん、この頃利用者の余暇活動の経費がかかりすぎですね。もうちょっと抑えることはできないですか？

はい……、そのように検討してみます

それと……

はぁぁ、まだ何か？

居室の光熱費も、もうちょっとどうにかしないとねぇ……
早めに消灯するとかエアコンを送風モードに切り替えるとか。
あぁ、そういえばこの頃だいぶ夜更かししてる利用者が増えてるようですけれど、もうちょっと早く寝るように促してみてくれませんか？

施設長、それは夜更かしじゃなくて、昼夜逆転のご利用者が増えてるんです！（カチン）
（現場も見に来ないから、上の人たちは何もわかってない！
経費経費ってさ！　利用者あっての介護施設でしょうよ！）

「利用者本位のケア」「経費節減」どちらも大事

この事例で示された、田中さんのコアビリーフである「利用者本位のケアを優先させるべき」という想い、そして施設長のコアビリーフである「職員なら経費節減対策もしっかり実行すべき」という考え、どちらも間違いではありません。田中さんのイライラ感情は、自分の「～べき」と施設長の「～

べき」のズレ、つまり**価値観の食い違いから発生している**ものです。

おそらく利用者の管理責任がある施設長であるならば、利用者本位のケアの重要性はわかっているはずです。皆さんが介護現場でのこのような上司との価値観の相違からイライラしてしまう状況を打開するためには、報連相（報告・連絡・相談）を丁寧に相手に伝わるように行う必要があるのではないかと考えます。

事例ですので少々極端な筋書きだったかも知れませんが、利用者の昼夜逆転を把握していない施設長であれば、まずは現場の実情を把握してもらうところから始めることが、田中さんにとって分かれ道の「自分で変えられる・コントロール可能」＋「重要なこと」になるのではないでしょうか。

▼立場が違えばコアビリーフもさまざま

職員一丸になって重要なこと・重要ではないことを考えよう

アンガーマネジメントの3つのコントロールの、3つ目のステップである「分かれ道」は、ケアチームという1つの集団・組織として取り組むことも効果的です。

組織では役割が分担化され、業務内容も多岐にわたります。当然のことですが、今すぐに取り組むべき業務もあれば、空き時間を活用して取り組む業務もあります。何となく行っていることの中には、よくよく考えてみるとやる必要はなかったというものまであるかもしれません。

介護施設には、管理職サイドと介護現場サイドの両側があり、お互いに意思を共有し合うことが理想ではありますが、往々にして本心の部分では小さな溝ができていることも否めません。お互いに業務に潜む「〜べき」があるとすれば、それらをすべて洗い出し、「本当にそうなのか否か」、また「どれほど優先すべきなのか」について組織内で言語化し明確化しておくことも、とても大事な取り組みの1つです。

ここがポイント

- 立場が異なる上司や他の専門職などとは、異なるコアビリーフがあっても当然。自分のことだけ優先させず、相手と置かれている状況を共有し合うことも大切。
- 組織には多数の業務とそれぞれ分化された役割があるため、その数だけ「〜べき」があると考えられる。それらをすべて洗い出し、「本当にそうなのか否か」、また「どれほど優先すべきなのか」について組織内で言語化し明確化しておくことが大切。

事例20

3-20 あまりにも偉そうな看護師の態度にムカムカ

介護現場はさまざまな専門職が互いに認め合う中で業務を進めています。そんな中、上から目線で介護職に指示を出す看護職がいたら……？

専門職としての利用者への向き合い方の違い

瀬川さん、今日の誕生会で、南川さんにケーキ食べさせたの？

光浦さん

瀬川さん

あ、はい！　少しならいいかな～って……

何で勝手に判断するのー！　あの方は糖尿病でカロリー制限があるの知ってるでしょう!?　何で食べさせたのよ～！

光浦さん

瀬川さん

す、すみません！　南川さん、お誕生日なのに当の本人がバースディケーキを食べられないのちょっとかわいそうで……朝からしょんぼりしてらしたし……

まったくー、そんな同情いらないわよ！
これだから介護職は……勝手なことばかりして！！

光浦さん

瀬川さん

そんな言い方はないんじゃない!?　介護職の利用者対応ってそんなにダメなの？　利用者に寄り添って何が悪いの？　確かに相談しなかったのは悪かったけど、看護師も南川さんの気持ちを少しはわかってあげてほしいわ！

大事にしたいのは、健康それとも生きがい？

野島さんはタバコを吸う習慣があるため、デイサービスに来所時、妻から１本だけ職員が預かり、食後に吸ってもらうことにしている。

まったくー、野島さん、タバコは体に悪いから、もうやめてください！

光浦さん、そんな言い方しなくても……。それでなくても野島さん、もうデイに来たくないって言ってるんですよ

私は、野島さんの体を心配して言ってるの！
そのくらいわかるでしょ！　介護職に任せてたら大変なことになるわ！　ほんと！

そんな～、ひどい！
野島さんはこれまでヘビースモーカーだったんですよ！
たった１本吸うだけでもダメですか？

どう考えても不健康でしょう！　毎日１箱も吸っていたのをここまで我慢できるんだから、どうせなら全部やめればいいのよ！　介護職さんが厳しくしないから「1本だけ」といって中途半端に吸っちゃうのよ！　キッパリとやめるように注意して！

いやいや、厳しくって人生の先輩じゃん……子どもじゃないんだから……。ほんと彼女の言い方、いちいちカチンとくるなぁ。上からものを言うな～！

チームメンバーの専門職としてのアイデンティティを理解

介護現場は多職種協働で業務を行っており、チームケアで成り立っています。看護職も介護職もそれぞれが自らの専門性を身につけ、アイデンティティを持つことで、役割を発揮しています。

事例では衝突していましたが、看護職と介護職、また相談援助職などさまざまなスタッフが一堂に会して１人の利用者にサービス提供を行うためには、専門職としての利用者への向き合い方の違いを互いに認め合うことが非常に大切です。

たとえば看護職は、医療という専門性から利用者の健康を日々観察し、異常の早期発見に努めるほか、ケアに対して第一線で対応しています。一方、介護職は利用者本位の支援を展開するよう資格教育でも叩き込まれていますので、健康の重要さも理解してはいますが、その場の状況が許せば利用者の生きがいづくりについても無視することはできないのです。このように**専門職は利用者との向き合い方が異なることがあるため、相手がどのようなアイデンティティを大切にしているのか理解することがとても大切**です。

相手のいいところを自分に活かそう！

職場ではさまざまな性格の人が働いています。みな自分は正しい、自分は常識的だと思いながら業務に当たっているでしょう。しかし、人の常識とは案外あてにならないものです。また、どうしてもものの見方が主観的になりますから、どんな出来事もいつの間にか自分に都合がいいように解釈しているものです。

さて事例の看護師は、上から目線でものを言い、介護職からの不評を買っています。しかし本当にこの看護師の考え方は間違っているといえるでしょうか？　医療職から見た場合、もしかするとこの対応はいたって適切であり、看護師にはなんら非はないかもしれません。

物事は、見る人、見る側によって、捉え方が180度変わることもあり、よいも悪いも表裏一体ということがわかります。これまで批判的に捉えてきた相手のイライラするポイントは、もしかすると自分が持ち合わせていない視点かもしれません。自分の考え方と違うからといってすぐにイライラせずに、衝動のコントロールの後に、相手側（たとえば看護師）の視点から利用者を捉え直してみると、違った一面が浮かび上がってくるかもしれません。

▼専門職としての利用者への向き合い方の違い

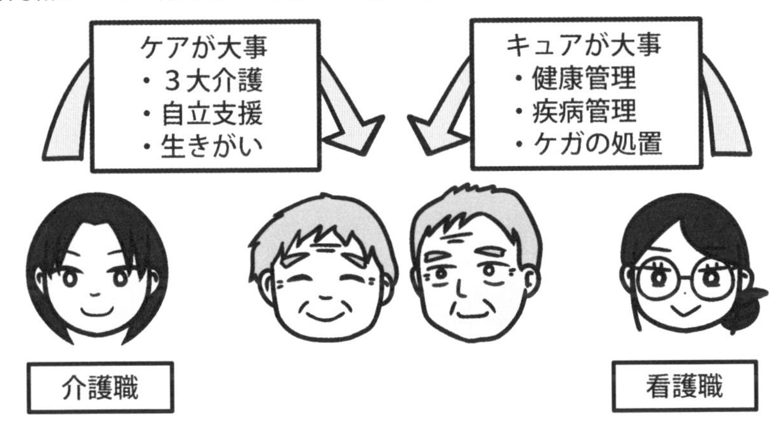

ここがポイント

- ☑ ケアチームのメンバーは、それぞれ専門職としての利用者への向き合い方の違いを、互いに認め合うことが非常に大切。
- ☑ 物事は、見る人、見る側によって捉え方が 180 度変わってしまう。よいも悪いも表裏一体。
- ☑ 自分の考え方と違ってもすぐにイライラせずに、他職種の視点で利用者を捉え直してみることが大事。

Column

介護場面でのイライラ感情の捉え方と向き合い方

皆さんはどのようなことを想像して介護という仕事を選択したのでしょう？　実際に働いてみると、自分が考えていたものとは違ってとても大変だと感じている人もいれば、覚悟して就職してみたけど案外やりがいがあり楽しいと感じている人もいるでしょう。個人差はあると思いますが、自分の仕事としてさまざまな想いを抱きつつ、各々業務に向き合っていると思います。

さて筆者は仕事柄、介護職向けのスキルアップ研修などの講演を各地で行っていますが、研修に参加した方から「利用者への対応を行うたびにイライラしてしまうことがあるのですが、もしかしたら自分は介護という仕事に適性がないのでしょうか？」といった質問を受けたことがあります。しかし、そんな心配は無用です。人間には「喜怒哀楽」といわれるように大きく４つの感情があります。怒ることは人間にとってごく自然な感情です。そうお伝えするとその方はとても安心したように、席に着いていました。

怒るなどのイライラ感情は、湧き起こることがいけないのではなく、それをむやみに表して周囲に伝染させたり、周囲を振り回してしまうことに問題があるのです。介護現場では、ときにイライラしてしまうことは仕方ないこと、あることとして捉えたうえで、その感情が湧き上がってきたときに、どう向き合うかがとても大切です。

ある研修の際に、特養ホームの施設長から「イライラしたらダメなのかなと自信をなくして悩んでしまう介護職が非常に多くいます。梅沢先生からどうか職員に悩まなくていいと伝えていただきたいです！」という切実な言葉を聞きました。筆者が介護職の皆さんにどうしても伝えたいことは、本書にたくさん散りばめました。ぜひ何度も読み返して、イライラ感情との向き合い方の参考にしてもらえれば幸いです。

職場で取り組む
アンガーマネジメント

怒りを上手に伝える方法

4-1 なぜ怒っているのかを明確にする

怒りの表現方法は、人それぞれ異なります。「怒っている」ということは相手も理解できても、なぜ怒っているのかということまですべて相手に伝わっているとは限りません。

喧嘩腰ではなく、何に対して怒っているのか伝える

アンガーマネジメントでは、怒る必要のあることについては、適切に相手に伝えることをすすめています。怒りという感情は、誰もが持ち合わせているものです。もし自分が怒りを感じ、それを相手に強く伝えたいという想いに駆られたときは、できるだけその怒りを相手に正しく理解してもらえるようにする必要があります。

日常生活を思い起こしてみてください。「あの人はなんであんなに怒っているのだろう？」と感じたことはないでしょうか。なんか怒っているなということは伝わっても、なぜ、何に対して怒っているのかが明確にならないと、周囲の人は単に「八つ当たり」されたように感じてしまいます。

怒りを我慢してやり過ごさずに、伝えることが必要だと考えたのであれば、喧嘩腰で話すのではなく、**なぜ怒っているのか冷静に相手に伝えることが大切**です。

怒り感情は、"伝わりやすい"表現の工夫をしよう

怒りは表現の仕方によって、「伝わる」怒り方と「伝わりにくい」怒り方があります。友好的な関係性を保ちながら、言いたいことは言うためにはどうすればよいでしょうか。

たとえば、次のようなシーンを思い浮かべてみてください。後ろを利用者

がフラフラ歩いているのに、気づかずに目の前の利用者の食事介助を続けている新人の介護職・横山さんに対して、中堅介護職・田中さんが一言言いたくなりました。

●不適切な怒りの表現例

田中「本当に使えないわねぇ！ もっとしっかりしてよ！」
横山「えっ何ですか突然!?　私が何をしたっていうの!?」

これでは横山さんには、ただ不快感だけが残ってしまいます。

では田中さんの立場に立って、なぜイライラしているのか自己覚知してみましょう。この事例の背景にある感情は、①介護職・横山さんの「気のきかなさ」「配慮のなさ」への「苛立ち」、②忙しい業務環境への「不満」、③上手く指導できない自分への「無力感」「ジレンマ」などが考えられます。

同じ場面でも、もし次のように怒りを表現できたら、横山さんの受け取り方も変わり、反応も変わったでしょう。

●適切な怒りの表現例

田中「横山さん、周囲にも目配りしてください！」
横山「あー、そうでした！　うっかりしてました、すみません！」

なお、職員同士のこうしたやりとりや、上司から部下への注意などは、急を要する事態でなければ、利用者の前ではなく目の届かないところで行うのが適切です。

☑ なぜ、何について怒っているのか明確にして適切に怒る。

怒りを上手に伝える方法

4-2 相手に何を伝えるのかをあらかじめ決める

怒りを感じた後の行動は、自分の価値感（感情）によって大きく左右されます。自分がどのような価値を大事にするのか、そしてその結果何を相手に伝えたいのか、それを決める必要があります。

どのような価値を大事にするのか考える

怒りという感情は、日頃は遠慮してなかなか相手に率直な意見を言えないというような状況に、1つのきっかけを生みだしてくれるともいえます。

次の事例を通して、大事なことを相手に伝えるにはどうすればよいのか、一緒に考えてみましょう。

《事例》

横山さんは余暇活動の一環として、利用者の太田さんの「近所の道の駅までの外出支援」を行いたいと計画しました。しかし、同僚の看護師から、転倒の危険や感染症リスクを理由に、頭ごなしに否定されてしまいました。横山さんはまるで自分自身が否定されたかのように感じ、頭にカッと血がのぼって、どうしていいのかわからなくなってしまいました。

自分が一番大事にしたいこと（価値）は何ですか？

横山さんは看護職から企画を否定された際、否定されたという出来事にフォーカスしてしまい、カッときてそこから先に考えを進めることができなくなってしまいました。

横山さんが苛立ったのは、看護職から自分の介護職としてのアイデンティティを傷つけられたと感じたからです。

苛立ってしまったことで、自分がなぜ太田さんの「近所の道の駅までの外出支援」を行いたいと思ったのか、企画の意図や期待される効果などを看護師に適切に伝えることができなくなりました。

横山さんがこの企画で一番大事にしたいことは、地域住民とのふれあいや買い物の楽しみを通して、太田さんの笑顔を取り戻すことでした。企画を否定され、感情的になってしまったことでそれを看護師に伝えることができなかった横山さんですが、あらためて単刀直入に話してみるのは、悪くない方法ではないでしょうか。

ここで**大切なのは、相手に何を伝えたいのか、いわゆる結論から話すこと**です。そうすることで、むしろ互いの職種を越えて専門性の違いを理解し合えたり、介護職の横山さんが大事にしている個別ケアの考え方についても共通理解が図られたり、前向きな展開が期待できるでしょう。

大事なことを上手に相手に伝えるために―DESC法―

職場の上司や同僚などに、自分の率直な考えを伝えるというのは、なかなか難しいことではないでしょうか。歯に衣を着せずに発言すると、人間関係にヒビが入るかも、と考える人は多いと思われます。

そこで、**相手を不快にさせずに自分の言いたいことを上手に伝える方法**として、DESC法を紹介します。DESC法は、**① Describe：状況を客観的に描写する、② Express,Explain,Empathize：自分の気持ちを表現する、③ Specify：提案をする、④ Choose：選択する**、以上の4つのステップから構成されています。

先ほどの事例ならどう伝えればよいのか、DESC法に沿って図にしたので、参考にしてみてください。

▼アサーティブな表現方法「DESC 法」

①Ⓓ：**Describe**
（状況を客観的に描写する）
➡出来事や状況、相手の行動を描写する

②Ⓔ：**Express,Explain,Empathize**
（自分の気持ちを表現する）
➡自分の気持ちを率直に表現する

③Ⓢ：**Specify**
（具体的な提案をする）
➡何を改善してもらいたいかを伝える

④Ⓒ：**Choose**
（相手が YES/NO のときの選択肢の準備）
➡選択肢に沿って、互いの着地点を探す

【職員の言動・接遇に対する苦情】の一例

Ⓓ太田さんの外出支援の企画を提案したところ、お互いに意見交換することなく、見直しとなってしまったことが、腑に落ちない。専門性の違いなどもあり、この企画の趣旨について誤認しているところもあるかもしれない。

◀

Ⓔ介護職として大事にしたいことを、看護師にも聞いてもらい、どのような意図で企画したのか趣旨を理解してもらいたい。

◀

Ⓢこの企画は、太田さんが夫を亡くし、意欲の低下が著しく、自宅でもひきこもりがちなため、住み慣れた地域の道の駅へ出向き住民との交流を持ち、ショッピングを通して意欲を取り戻し、本人らしさを引き出すことを目的としており、ひいては自尊心を大事にした企画です。健康に十分に注意して取り組みたいのです。

◀

Ⓒ（YESの場合）
それでは、スタッフ間で今回の件はしっかりと共有しつつ、くれぐれも事故のないように企画を練り上げたいと思います。またご相談します。よろしくお願いします。

◀

Ⓒ（NOの場合）
それではこの企画は見直しとしますが、看護職としては、どのように対応するのがよいとお考えでしょうか？できるだけご利用者様、ご家族様が納得できる企画を検討したいと思います。

ここがポイント

☑ カチンときた出来事ばかりに意識を向けず、自分が相手に伝えたい大事なことを明確にし、DESC 法を参考にしながら伝えるとよい。

怒りを上手に伝える方法

4-3 伝え方のタブー語

相手に自分が伝えたいと考えていることを思う通りに伝えるのは案外難しいものです。感情が昂っていると、言ってはいけない言い方や言葉を使ってしまい、相手に誤解を与えることもあるため要注意です。

使用してはいけないタブー語

相手とのコミュニケーションの際には、次のような言葉は誤解を与えやすいため、使用を控えたほうがいいでしょう。

なんで？／どうして？／なぜ？

「なんで？」「どうして？」「なぜ？」と理由を問いただすと、そんなつもりはなくても、相手を責めているように受け取られてしまいます。なぜかというと、それらの言葉の後に続くのは相手を否定する言葉だからです。「なんで（できないの？）」「どうして（ミスしたの？）」「なぜ（遅れるの？）」といった言葉が隠されています。

問題を解決するために事態を掘り下げる必要があるときは、**「なぜできないか」ではなく、「どうしたらできますか？」と言い換えると**誤解を与えなくなります。

必ず／絶対／いつも

相手の行動などについて一方的に決めつける言葉です。言われた相手は、「必ずではない」「絶対とはいえない」「いつもというわけではない」と反発したくなります。**過去を取り沙汰するのはやめ、“今”だけにフォーカスして、コミュニケーションを図るとよいでしょう。**

I（アイ：私）メッセージ

自分の考えや意見などを伝えるときに有効なのは、「私」を主語にした「I（アイ）メッセージ」です。

たとえば「私は～と思う」「私は～したい」といった表現です。これはソーシャルワークの面接技法としてもよく知られているもので、**「私」を主語にすることで、気持ちや考えが相手に伝わりやすくなります。**

逆に、「あなた」を主語にすると、相手を非難したり責めたりしているように受け取られがちです。

具体的にIメッセージと「あなた」を主語としたメッセージの違いを見てみましょう。

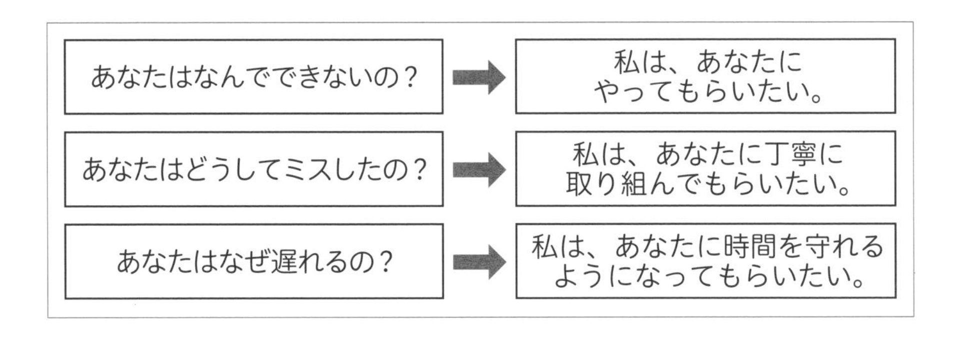

Iメッセージで伝えるのは、自分が大事にしている気持ちやどうしてもらいたいかなどの要求です。相手がどう受け止めるか、状況に合わせてさらに言葉を選択していくことで、誤解してすれ違ってしまうのを避けることができます。

- 相手とのコミュニケーションの際には、誤解を生みやすいタブー語の使用は控えたほうがよい。
- Iメッセージは、相手に自分の要求を率直に伝えるためのコミュニケーション技術。

4-4 職場でのルーティンをつくろう

これまで学んできたアンガーマネジメントは、介護現場で活かせそうでしょうか？　これらの学びを実際に活かしていくためには、各自の業務で愚直に実践あるのみです！

イライラしたらまずは個々人で対処する

アンガーマネジメントを学んだ人たちからは、「6秒ルールなんて、どうせできっこない」などという声を聞くこともあります。しかし、たとえ最初の頃はできなくても、継続して意識していくことが大切です。**アンガーマネジメントは、頭で覚える「知識」ではなく、体験的に学んでいく「技術」**なのです。ですから、せっかく学び得た知識も、皆さんの日頃の介護業務の場で実践していかないと宝の持ち腐れとなってしまいます。

皆さんの専門性である介護技術を思い出してみましょう。初めて教科書を開いたときにはまだ何もできなかったはずです。それが、「へぇ～、トランスファーってこうやると腰に負担をかけずにできるんだぁ」などと、1つひとつ実際に取り組む中で介護技術を体得してきたのではないでしょうか。アンガーマネジメントも同様に、実践することで少しずつ感情コントロールのコツが理解でき、必ず皆さんの業務に役立つときがくるはずです。

イライラしたときは、他人やモノに八つ当たりせずに、アンガーマネジメントを用いて、まずは個々人で対処する方法を実践してみましょう。

毎日継続するために組織としてのルーティンをつくる

イライラしたときのアンガーマネジメントは、毎日継続することがポイントです。しかし、自分１人で取り組みを続けるのには根気が必要です。継続するためにはセルフチェックだけではなく、**定期的に職場組織で確認し合うルーティン（日課などの決まり）をつくる**ことをおすすめします。

たとえば、視覚で確認できるように一覧表や折れ線グラフなどで、各自の取り組みを見える化します。毎週同じ曜日に取り組み状況を確認し合い、お互いにどのような状況でイライラしたのか、それはどのゾーンの怒りだったのかなど、仕事上の出来事をお互いに話し合う時間を持つことで、これまで蓋をして我慢していた感情を自然と吐き出すことができ、精神衛生上もよい結果を生むのではないでしょうか。お互いに相手を絶対に否定しないというルールづくりも必要です。

- アンガーマネジメントは、頭で覚える「知識」ではなく、体験的に学んでいく「技術」。
- イライラしたときは他人やモノに八つ当たりをせずに、アンガーマネジメントを用いて、まずは個々人で対処する。
- セルフチェックだけではなく、定期的に職場組織で確認し合うルーティンをつくる。

4-5 アンガーログとコアビリーフ

アンガーマネジメントの実践には「アンガーログ」の記録が欠かせません。また、実践の際にはコアビリーフと向き合うことが大切です。

アンガーログに取り組もう！

アンガーマネジメントの実践は、「アンガーログ」を毎日記録するところから始まります。アンガーログとは、2-6 で紹介した「怒りの温度計」をもとに、感じた怒りの感情に点数をつけるというものです。

点数はその場で書き、感情についての分析や解決策は考えないのが簡単な方法です。記録様式には特に決まりはありませんが、例を図にしましたので参考にしてください。記録は手帳などに書いても、スマホに入力しても構いません。大事なことは、できるだけコンスタントに記録を積み重ね、自分の怒りがどのような状況でどのレベルの炎となったのか、データを集約しておくことです。この情報は、自分の怒りと上手に向き合うための足がかりとなります。

▼**アンガーログに取り組もう！**

- **アンガーマネジメントの基本**
  ➡アンガーマネジメントを実践するうえで必要不可欠のもの
- **記録のつけ方**
  ①その場ですぐに書く
  ②分析も解決策も考えない
  ③ありのままに感じたことを書く

◎アンガーログのフォーマット例

日付	場所	出来事	怒りの強さ / 10点
4/1	コンビニ	レジの列に割り込みされた	3点

アンガーログを書いてみよう！

自分のコアビリーフに向き合おう

第2章でも解説しましたが、コアビリーフとは自分の中に潜む「～べき」という考え方のことです。コアビリーフには強いこだわりがあることが多いため、簡単には変えられません。しかし、この「～べき」を受け流せるか、受け流せないかによって、怒りの炎が点火するか否か、炎が大きくなるか否かが変わってきます。**自分のコアビリーフと向き合い、まずはどのような「～べき」があるのか自分をよく理解してみましょう。**そのうえで合理的な思考・考え方の癖をつけられるように練習してみましょう。

▼コアビリーフと向き合おう

- **自分のコアビリーフに向き合う**
  アンガーマネジメントは認知行動療法を基盤としてつくられている。
  ➡コアビリーフに向き合うことがとても大切
- **コアビリーフとは**
  「～べき」という自分の考え方
  ➡ある事実を受け流せるか、受け流せないか、人により個人差がある
- **分析から、思考・行動を変容させる**

自分のコアビリーフを考えてみよう！

合理的な思考・考え方の癖をつける！

☑ アンガーログの情報は、自分の怒りと上手に向き合うための足がかりとなる。

☑ 「～べき」を受け流せるか受け流せないかによって、怒りの炎が点火するか否か、炎が大きくなるか否かが変わってくる。

4-6 怒りを増幅させないための環境づくり

大きな音を立てて扉を閉める、書類などを机に叩きつける、そういった行動はイライラした感情を増幅させ、職場全体に広がっていきます。

意識を共有するために職員同士のコミュニケーションを積極的に

イライラした感情は、上司から部下へ、部下から上司へ、また、周囲の人々を巻き込んで連鎖的に広がっていきます。介護職の業務は**感情労働**であり、ストレスをため込みやすい労働環境だからこそ、職員同士意識的にコミュニケーションをとり、考えや想いを共有することが大切です。

アンガーマネジメントは各人で取り組むものではありますが、ケアチームとしての連帯感を持ちながら、組織的に実践することも大切です。

施設外の専門家にも相談できる仕組みづくりを

筆者の調査・研究では、虐待に及んでしまう職員の傾向として、他職員との意思疎通が乏しく、1人で孤独感を抱いているという姿が浮かび上がりました。

アンガーマネジメントは、苛立ち・イライラ感情を各人がコントロールし、怒りと上手に向き合う1つの手段ではありますが、それだけですべてが解決するわけではありません。職場の上司や部下、同僚と交流しやすい雰囲気をつくることはもちろん、産業カウンセラーや心理カウンセラーなどの施設外の専門家にも相談できる体制を施設（職場）側が構築することも必須だと考えられます。

上司自ら、職場のよい雰囲気づくりに努めよう

アンガーマネジメントは、各自の取り組みと組織的な環境整備の両輪なくしてはうまく効果が発揮されません。困ったことがあったらいつでも上司・同僚に相談できる雰囲気づくりに上司自ら尽力し、1人での抱え込みを防止することが肝要です。

利用者への虐待事例の研究で、上司のひとことが虐待の引き金となった例がありました。虐待を行った職員は、認知症利用者のケアに関してマイナス感情が積もり、どうしようもなくなって上司に相談したのですが、上司からは「しょうがない」「専門職なのだから我慢しなさい」と言われたのです。それが引き金となり、虐待が発生してしまいました。

上司は、部下のイライラ感情に蓋をするのではなく、むしろ蓋を開けて解放してあげるのが役割であることを忘れないようにしたいものです。

個々人に合ったレベルの研修を受けよう

介護職は、新人から中堅、ベテランと、それぞれ業務経験が異なります。個人のレベルに見合ったさまざまな研修を受講することで、より実践的なスキルを身につけることができるでしょう。研修で学べば、業務内容をより理解できて余裕が持てるようになったり、利用者に対する見方・捉え方が変化したりするはずです。

その結果、マイナス感情のもととなっていた業務の疲労感や1人夜勤などの不安感、スムーズに進められないジレンマなどからわずかでも解放されるかもしれません。こうして健やかな精神状態を保つことも、イライラ感情をコントロールすることとともに、アンガーマネジメントでは大切な取り組みとなってきます。

ここがポイント

- ☑ 職員同士で互いにコミュニケーションをとり、意思を共有する。
- ☑ 産業カウンセラーや心理カウンセラーなど施設外の専門家ともつながる。
- ☑ 風通しのよい雰囲気づくりを上司自ら発信し、1人での抱え込みを防止。
- ☑ レベル別の研修を受講することで、目標を掲げモチベーションを高めていく。

Column 筆者とアンガーマネジメントの出会い

怒ることはよくないことなのではないかと感じている介護職は、少なくないのではないかと思います。実は筆者もその1人……。（一社）日本アンガーマネジメント協会の資格取得講座を受けた際に、「さあ、最近怒ったことを思い出してみましょう」と問われ、内心ビクビクしてしまいました。ところが、「怒る」という感情は喜怒哀楽のなかの1つでありごく自然な感情であるとの解説に、「確かに……」とリフレーミングでき、スーッと内容が腑に落ちていきました。

筆者がアンガーマネジメントを強く意識したのは、自身の研究（インタビュー調査）に携わったときの研究協力者の方の発言に関心を寄せたことがきっかけです。様々な工夫や自己努力をする中で、イライラした感情をなんとかやり過ごそうと取り組まれていると改めて感じ取りました。そのとき、筆者はアンガーマネジメントを介護職向けにうまく応用させて周知する必要性を強く感じました。介護職にとってアンガーマネジメントは、非常に重要なスキルの1つといえるでしょう。

4-7 介護業務とアンガーマネジメント

ここでは、介護職の皆さんが職場でアンガーマネジメントをスムーズに実践に移すために、一連の流れを再度確認します。皆さんもご自分の職場で実践している自分を想像してみてください。

プライベートを見直す

イライラ感情によって灯る炎の大きさは、日頃ため込んでいるマイナス感情の大きさに左右されます。ストレスは職場や仕事において受けるだけではなく、プライベートでも当然発生します。仕事でもプライベートでも、ストレスをため込みすぎないような工夫を心がけることは、介護職にとって非常に大事な取り組みです。

勤務時間のふとした瞬間にもアンガーマネジメントを

アンガーマネジメントは、特別なときだけ実践するものではありません。業務中、何気ない瞬間にイライラしてしまった際に、アンガーマネジメントを実践してみると、徐々に取り組みに慣れてくるでしょう。

アンガーログをつけよう

イライラ感情が湧き上がってきたら、「衝動のコントロール」を思い出してみましょう。マイナス感情によってイライラの強度は変化します。また、アンガーログを記録することで、あなたがどのような介護場面でイライラしやすいのか、客観的・俯瞰的に捉えることもできます。

施設における定期的な取り組み

他の職員とともに連帯感を持ってアンガーマネジメントに取り組むことが、継続のカギになります。

お互いに自分の感情を隠すのではなく、吐露し合うことが、何よりチームの結束を強め、問題解決力のアップにもつながります。

▼日常生活のいつでもアンガーマネジメントを

●プライベート時間（ストレスをためない工夫を！）

●勤務時間（アンガーマネジメントを毎日実践！）

●日々の介護業務（衝動のコントロールを常に意識！）

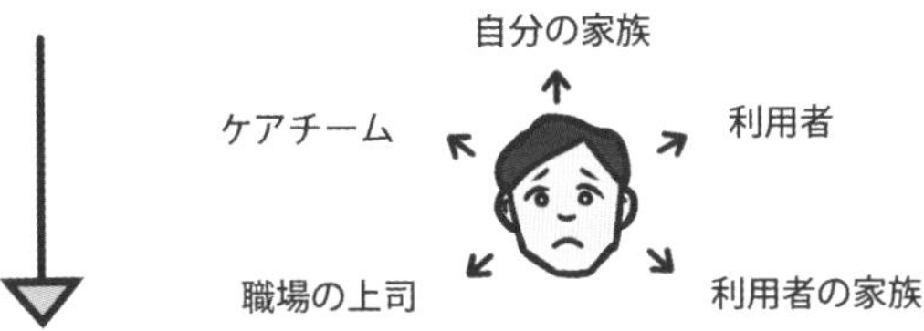

●施設の定期的な取り組み（職員みんなで共有する機会を！）

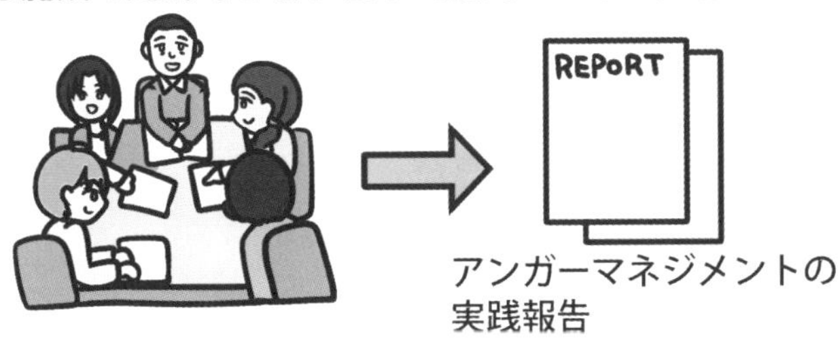

Column

個人任せにできない組織としての高齢者虐待防止

先にも話した通り、介護施設での高齢者虐待の背景には感情労働によるストレスの影響があり、それが要因となってイライラ感情が湧き上がり、自分ではどうしようもなくなった先に、越えてはいけない一線を越えて虐待に及ぶというメカニズムが潜んでいます。日常的にストレスをため込みすぎない工夫が必要ですし、怒りを不用意に爆発させないために、アンガーマネジメントを用いて、イライラとうまく向き合えるようにすることが肝要です。

アンガーマネジメントは集団で取り組むものではなく、基本的に個人が自分の内面に働きかけることで、自身に変容をもたらすことを目的とした心理療法プログラムです。各自がモチベーションを保ちながら、継続的に取り組むことで効果が期待されます。しかし、ただでさえ介護職は繁多な業務に忙殺されてしまうため、些細な取り組みであっても毎日欠かさず取り組むのは案外と難しいものです。

そこで、筆者は介護施設の組織的な協力も重要だと考えています。介護職のメンタルヘルスという課題は、個人任せでは解決し得ない問題です。介護職のみならず、利用者に接する機会のあるソーシャルワーカーや看護師なども含むケアチーム全員が、重要な取り組みとしてストレスケアのためのアンガーマネジメントに取り組み、定期的にお互いの取り組みを確認・共有し合うことが大切だと考えています。さらにチーム全体から、数名ごとの顔の見える仲間（班）をつくり、吐露・助言といったつながりを築いていくことも目標とすると、なお効果的ではないかと思います。

アンガーマネジメントによってメンタルヘルスの抱える課題のいくつかは解決できますが、さらには心理カウンセラーなどの専門家も交えた積極的な組織体制の構築が求められています。今、介護業界にアンガーマネジメントが注目され始めたことで、改めて介護職のメンタルヘルスの問題を検討し直すときが来ているのではないでしょうか。

第 5 章

対人トラブルを防ぐ コミュニケーション術

5-1 ストレスマネジメントの大切さ

コミュニケーションには、対人トラブルがつきものです。皆さんは、どうすればコミュニケーションによるストレスを軽減できると思いますか？

自分のストレスに気づいていますか？

仕事を通してストレスをため込んでしまうことを「**職業性ストレス**」といいます。介護職は対人援助を行うため、人間関係のストレスを抱えやすい職業といえます。

あなたは介護業務をするうえで、次のようなことを感じていませんか？

- 仕事がつらくて気分が落ち込む
- 仕事をすると身体が痛い
- 最近熟睡できていない
- 利用者を見ただけでイライラしてしまう

これらはすべてストレス反応であろうと考えられます。大事なことは、皆さんが自分のストレスを自覚できているか、気づいているかということです。もし、「これはストレス反応のサインかな？」と思ったら、いち早く対処を始めることが肝要です。

ストレスとの上手なつき合い方を考えよう

介護職は、職業性ストレスを抱える危険性が非常に高い仕事なため、事業者（職場）もストレスマネジメントに積極的に取り組むようになってきました。

厚労省によると、ストレスマネジメントとは「ストレスとの上手な付き合い方を考え、適切な対処法をしていくこと」と説明されています。ストレスがまったくない社会や職場は考えられません。ある程度のストレスは免れない中で、ストレスをいかにうまく受け流しつつ対処できるかということになります。

介護職のストレスマネジメント

介護職は、利用者の生活を支える最も責任のある専門職です。要介護状態となり、1人での生活が困難となった高齢者にとって、介護職は大事な生命線ともいえる存在です。ストレスのため介護職が元気に業務を行えなくなり、パフォーマンスが低下してしまうと、真っ先に影響が及ぶのが利用者です。介護職がストレスによって十分なサービス提供をできなくなってしまうと、そこで生活を送っている利用者も共に生活の質が低下してしまうのです。

ストレスにより介護業務に専念できないばかりか、その先には不適切なケア、さらには高齢者虐待につながる危険性もあることを考えると、介護職にとってストレスマネジメントは必須事項といえるでしょう。

対人関係によるストレスをためないためのコミュニケーション

介護職の中には、利用者家族や上司・同僚とのコミュニケーションに気を遣い、それがストレスにつながってしまうと考えている人も多いようです。確かに、自分と価値観の異なる相手とのコミュニケーションにおいては、相手への配慮が必要で、さまざまなことに意識を向けなければいけないため、ストレスを感じてしまう人もいるでしょう。

しかし、一方的に自分の言いたいことだけ相手にしゃべったのでは、対人トラブルにつながりかねません。

自分と相手の双方にとって心地よいコミュニケーションを図ることができたなら、ストレスのもととなるトラブルを回避することができるのではないでしょうか。第5章では、そのために役立つ「アサーション（Assertion）」というコミュニケーション技法についてお話しします。

5-2 自分も相手も大切にするコミュニケーション技法—アサーション

相手を尊重しながら、自分の意見もきちんと伝える、それが「アサーション」と呼ばれるコミュニケーション技法です。

アサーションとは？

アサーションとは、自分も相手もどちらも大切にしながら、自分の意見や考え、希望を、その場の状況にふさわしい言い方で率直に表現するコミュニケーション技法のことです。

アサーションには「自他尊重の自己表現」という意味があります。1950年代にアメリカで生まれ、その理論と方法は、行動療法に由来しています。

アサーションは、これまでコミュニケーションにトラブルがあり、ストレスを抱えていた人が、「自分の考え方や話し方を変えることで、自分の意見を相手に伝えることができるようにする」ことを目的としています。

アンガーマネジメントにも、アサーションの技法を取り入れ活かすことが必要とされています。

自己表現の3つのタイプ

自己表現には、大きく次の 3 タイプがあるとされています。

①非主張的自己表現：自分よりも相手を優先し、自分は後回しにする
②攻撃的自己表現：自分のことだけを優先し、相手に対しては配慮を欠いてしまう
③アサーティブな自己表現：自分のことをまず考えるが、相手のことも配慮する

③のアサーティブとは、アサーションと同じ意味です。

相手の意見にも耳を傾け、尊重しながらも、自分の意見もきちんと伝えることで円滑なコミュニケーションができます。

▼アサーションとは

自分も相手も大切にする自己表現

● アサーション

- 1950 年代のアメリカで生まれた
- 理論と方法は行動療法と呼ばれる心理療法に由来
- 自分のことも相手のことも共に大切にする
- 自分の意見や考え・気持ちを率直に正直に表現するコミュニケーション手段

「相手との関係が悪くなることを恐れて断れない」
「頭に血が上ると相手を必要以上に叱責してしまう」
「他人とかかわることに苦手意識がある」
➡自己主張に関する悩みを持った人

その場にふさわしい自己主張が適切にできることで、
他者と上手にコミュニケーションを図ることにつながる

☑ アンガーマネジメントにもアサーションの技法を存分に活かすことが必要とされている。

☑ 自己表現には、「非主張的自己表現」「攻撃的自己表現」「アサーティブな自己表現」の３種類がある。

望ましくない自己表現①

5-3 非主張的自己表現

非主張的自己表現（ノン・アサーティブ）とは、他者を優先し、自分のことは後回しにする表現方法です。自分の意見や気持ちはあるのにそれを言わない、あるいは伝え方があいまいで、真意が相手に理解してもらえないという自己表現です。

自分の意見を譲ってしまうのはマイナス

相手から何かを言われたとき、自分にも意見や気持ちがあるのにそれを言わず、「うんうん、その通りだねぇ」などと返事をしてしまい、後になって、なぜあのとき自分の考えをきちんと伝えなかったんだろうと後悔した経験はあるでしょうか。そのような表現を「**非主張的自己表現**」といいます。

介護の分野では、介護専門職一人ひとりの観察からの気づきがとても重要なエビデンスを生み出しています。ですから、介護職個々の感性を尊重することが大切です。チームケアには誰一人欠かすことはできません。

そのような介護現場において、非主張的自己表現はふさわしいとは言えないでしょう。同僚の意見を優先し、自分を後回しにする謙虚な態度は美徳のようでもありますが、そうすることによって失われる情報があります。また、譲った側は内面に「本当は○○だと思うけど……」とマイナス感情を抱く結果となり、反対に意見を伝えてもらえなかった同僚にとっても、理解し合える機会が失われ、両損の状態になってしまいます。

言うべきときはちゃんと伝えることが必要

非主張的自己表現をする人は、引っ込み思案、消極的、自己否定感が強い、他人本位、他人任せといった特徴があります。揉め事を起こさないように一歩引こう、平和を保とう、「いい人」を演出しようなどと、どこかで考えてしまっているのかもしれません。ところが、これはケアチームにとっては大きなマイナスであり、後に潜在的なストレスを抱える原因にもなりかねません。

自分の意見や気持ちは、言うべきときにはちゃんと言うことが、良好なコミュニケーションにつながります。要はどう相手に伝えるかということが大切なのです。

▼非主張的自己表現

他者のことを優先し、自分のことは後回しにてしまう表現方法

＊引っ込み思案	＊他人本位
＊消極的な態度	＊他人任せ
＊自己否定感が強い	＊服従的態度
＊人に依存的	＊黙ってしまう

- ジレンマでストレスがたまる
- 欲求不満の状態が続く
- 相手に被害妄想が芽生える
- イライラ感情が湧いてくる

ここがポイント

☑ 非主張的自己表現は、本人にとってもケアチームにとっても大きなマイナスであり、ストレスを抱える原因にもなる。

望ましくない自己表現②

5-4 攻撃的自己表現

自分の意見や考えを真っ先に相手に主張し、それを通そうとする人がいます。自己肯定感に満ち溢れ、自分の考えが正しいのだと自分を押しつけてしまう人です。これは攻撃的自己表現（アグレッシブ）といいます。

自分の考えだけを押し通すのはマイナス

相手から何かを問われたときに、頭に浮かんだ自分の意見を相手に理解してもらいたい、理解させたいなどの感情が先に立ち、自分の意見だけを一方的に話してしまう人がいます。

自分のことを優先し、相手への配慮を欠く表現方法を「攻撃的自己表現」といいます。自分の意見のみを言い放つ、押しつける、あるいは無理やり論破する、強く指示・命令する、さらには大声で怒鳴るなど、その場にいた人すべてに威圧感を与えてしまう自己表現です。

この自己表現には、とくとくと説得するように述べる話し方や、うまく相手をおだてて口車に乗せるなどの話し方も含まれます。もともと職位が高い人、年上の人、現場経験年数が長い人、立場上優位な人（お客様など）に多く、パワハラ、モラハラ、カスハラなどはその象徴的な例です。

攻撃的自己表現をする人は、一見、求心力があるかのようですが、良好な対人関係を築いているわけではないので、職員の心が離れ信頼を失ってしまう事態につながりかねません。

他者の意見に耳を傾けることも必要

攻撃的自己表現をする人は、自己肯定感や自己顕示欲、自尊心が強く、他者に対しては否定的、支配的、自分勝手なところがあります。自分がそのような自己表現をして相手から距離をとられていることに気づいていない場合も多くあるようです。

なにより介護現場はチームケアでの支援が大切であり、他の職員から情報の提供を避けられてしまうと、効果的な業務ができなくなります。また、チームから孤立してしまい、対人関係に支障を来たす可能性があります。他者からの意見に傾聴の姿勢を持つことはとても大事なことです。

相手と会話のキャッチボールをするということは、相手の主張にも意識を向けつつ、自分の考えとの距離を考えたうえで、自分の意見を返すということです。

▼攻撃的自己表現

自分のことだけを優先してしまい
相手に対する配慮を欠く表現方法

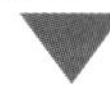

＊権威的・支配的な態度	＊自己顕示欲	＊指示的な表現
＊自己肯定感	＊自尊心・尊大	＊優越を誇る
＊他者否定的	＊自分勝手	＊責任の押しつけ

● 他者を信頼できなくなる
● 従属的態度をとられる
● 孤立する
● 安定した人間関係が築けない

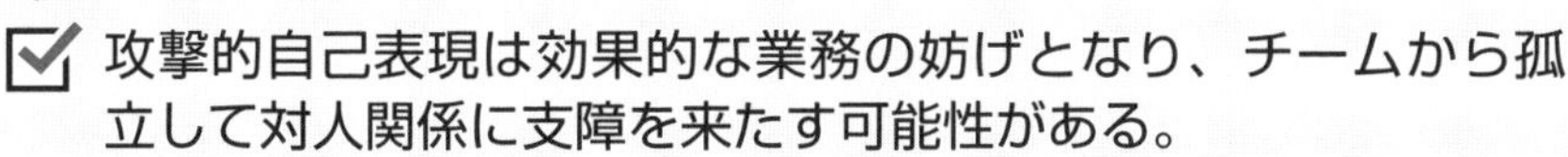
攻撃的自己表現は効果的な業務の妨げとなり、チームから孤立して対人関係に支障を来たす可能性がある。

5-5 アサーティブな自己表現

前述した「非主張的自己表現」でも「攻撃的自己表現」でもなく、自分の意見は伝わるように伝えつつ相手の気持ちにも配慮した表現方法があります。これを「アサーティブな自己表現」といいます。

スムーズで円滑なコミュニケーションをめざそう！

介護現場は先にも述べた通り、チームケアで支援を展開しています。そこには、性格も価値観も違い、保有している資格も異なる、個性あふれるさまざまなスタッフが働いています。多種多様なスタッフたちが、コミュニケーションにより互いに意思の疎通を図り情報を共有化することで、支援方針を決めることができます。

多種多様なスタッフが意見交換を行うのですから、そこには意見の対立もあるかもしれませんし、共感し合えることもあるかもしれません。いずれにせよ双方向のコミュニケーション、つまりアサーティブなコミュニケーションによって、スムーズで円滑な関係性が築かれていくのです。

アサーティブとは、「自分自身の意見や気持ちを相手に率直に伝える」「その意見に対する相手の意見や気持ち、表情などの反応を受け止めようと配慮する」自己表現です。つまり、自分はどのような意見なのか、どのような気持ちなのかを自分でまず捉え、そのうえで相手の様子を見ながら正直に丁寧に伝えます。そして、伝えたことに対して相手がとったリアクションが肯定的であっても否定的であっても受け止めます。

アサーティブとは言語／非言語のコミュニケーションであり、自分も相手も大切にする表現方法といえます。

自分も相手も大切にする歩み寄りが必要

アサーティブとは、自分の意見を肯定してもらうことが前提ではありません。自分も相手も尊重した対応をしようと意識することが大事なのです。もし意見が合わなかったとしても、何も言わなかったことでストレスを感じたり、意見を押しつけて対人関係に悪影響を及ぼすよりいいでしょう。建設的で前向きなコミュニケーションの機会になったと考えることができるはずです。

なにより、イライラが湧き起こるマイナス感情を積み重ねずにすむという意味で、アサーティブなコミュニケーションはアンガーマネジメントをさらに活かすコミュニケーション技術となることでしょう。

▼アサーティブな自己表現

自分の意見をまず捉えながら、
相手のことも配慮する表現方法

*正直・率直	*自他調和	*柔軟に対応する
*自他尊重	*自他協力	*責任感がある
*自発的態度	*歩み寄り	

- 話し合うことができる
- 葛藤を恐れない
- 歩み寄ることができる
- 納得した結論が得られる

ここがポイント

☑ アサーティブとは、自分の意見を肯定してもらうことを前提とするものではない。

☑ 自分も相手も尊重した対応をしようと意識することが大事。

5-6 アサーションの実際

ここでは、非主張的自己表現とアサーティブな自己表現の展開の違いを事例を通してみていくことにしましょう。

非主張的自己表現

来週のレクリエーションで健康体操を始めることになり、ステージ上でスタッフと一緒に体操を行ってくれる候補者を利用者の中から事前に決めることになった。

はい、竹山さんという意見が出ました。
他に誰か、候補としていい人はいないでしょうか？

遠藤主任

早川さん

どうしよう……みんな、竹山さんで同意見だし……

そうねぇ、私も竹山さんがよいと思うわ
人前に出るの好きそうだし。早川さんは？　どう思うの？

田中さん

早川さん

は、はい、それでいいんじゃないでしょうか！
(本当は、竹山さんより西川さんのほうがいいと思うけど……だって西川さんは元体育の先生だから、きっと張り切って体操してくれそう！)

結局、みんなの意見に反してまで自分の意見の主張はできず、モヤモヤが残ってしまった。

アサーティブな自己表現ができた場合

はい、竹山さんという意見が出ました。
他に誰か、候補としていい人はいないでしょうか？

遠藤主任

早川さん

あの～、私もひと言いいですか！
確かに竹山さんはこういうの慣れてるし、無難にやってくれるとは思います。ですけど、この役目は……西川さんもいいんじゃないかと……。
西川さんは体育の教員をしていたんですよね……きっと喜んで引き受けてくれるんじゃないかと……

そういえば、そうよねぇ～。
西川さん、体育の先生してたんだった。いつもおとなしい方だからすっかり忘れてたけど……

田中さん

そうね、西川さんもきっと意欲出して取り組んでくれそう！
でも竹山さんも自分からやりたいって言うと思うわ、どうしましょう

横山さん

早川さん

でしたら２人にやってもらうって方法もあるんじゃないでしょうか！
そのほうが、お互いにライバルってことで、意識し合って何か化学反応があるかもしれません

そうね！　早川さん、いつもはおとなしいけど、いいアイデアありがとう！

田中さん

アサーティブな意見交換は円滑な業務にも効果的！

介護はいわずと知れたチームケアです。介護職１人の目で見るだけでは、利用者一人ひとりの細かなところまで気づくことができません。複数の多面的な視点で利用者にかかわり観察することで、全人的な利用者像を把握することができるのです。

早川さんは体操を行ってくれる利用者として、竹山さんよりも西川さんに適性があるのではないかということに気づいていました。これは早川さんの優れた観察眼があってのことかもしれません。

しかし非主張的自己主張をとっている早川さんは、大事な場面でモジモジと口ごもってしまい、自分の意見を他のスタッフに伝えることができませんでした。この状況を皆さんはどう感じましたか？　著しく業務の質を下げていることに気がつくと思います。何も主張しないというのは、一見すると静かでおとなしく、他者に影響を与えない害のない人と思われがちですが、実は業務の質を著しく下げているのです。

さて、一方でアサーティブな自己表現の場合を見ると、周囲の介護職は早川さんの意見をもとに議論をさらに一歩深めることができました。これはケアチームにとって大きな報酬となったのではないでしょうか。

人は満遍なく業務を行っているようであって、実は個々人によって多少の隙間やムラが生じることもあるわけです。ケアチームは、その構成要素である一人ひとりのスタッフが自分の考えを持ち合い、サポートし合う中で、パフォーマンスを発揮しています。皆さんもぜひ、少しずつでもアサーティブな自己表現を意識してみてはいかがでしょうか？

おわりに

本書をお手に取っていただき、誠にありがとうございました。お目通しくださって、いかがでしたでしょうか？　本書が貴方の介護実践の参考となりましたら幸いです。

アンガーマネジメントは、本書を読んですぐに成果が形となって現れるというものではありません。そこが筆者としても非常にもどかしいところなのです。しかし、アンガーマネジメントに関心を持ち、自身のイライラ感情と向き合ってみようと、前向きに取り組み始めたこと自体が、あなたにとって解決に向けた第一歩だと思います。

今回、私のこれまでの福祉経験と、一般社団法人日本アンガーマネジメント協会認定アンガーマネジメントファシリテーターとしての知識の集大成とすべく、この一冊を執筆させていただきました。執筆にあたっては、介護現場で日々業務と格闘されている多忙な介護職の皆さんを頭にイメージしつつ、どのように言語化すれば、より理解しやすくなるか、即実践に結びつけていただける内容になるか、何度も検討しブラッシュアップしながら書きあげました。

多忙な業務の中で、ついアンガーマネジメントの取り組みを忘れてしまうこともあるかもしれませんが、チームで、組織で、支え合いながら取り組んでみていただきたいと存じます。

最後に、本書の発刊にあたりまして、編集にご尽力くださった秀和システムの皆さまに、心より感謝申し上げます。

梅沢　佳裕

索引

数字・アルファベット

あ行

か行

さ行

た行

は行

ま行

ら行・わ行

参考文献

1）安藤俊介（2019）『マンガでわかる介護職のためのアンガーマネジメント：イライラ、ムカムカ、ブチッ！をスッキリ解消。怒りに振り回されないための 30 の技術』誠文堂新光社

2）平木典子（2012）『アサーション入門―自分も相手も大切にする自己表現法』講談社現代新書

3）川上淳子（2019）『家庭・介護・看護で実力発揮の「アンガーマネジメント」高齢者に「キレない」技術』小学館

4）野村恵里（2022）『もうイライラしない！保育者のためのアンガーマネジメント』チャイルド本社

5）『おはよう 21　2017 年 4 月号増刊　マンガでわかる介護のイライラ・モヤモヤをすっきりさせる 4 つの方法』（2017）中央法規出版

6）小野寺敦志（2018）『不安・イライラに振り回されない介護のストレスマネジメント』ナツメ社

7）田辺有理子（2016）『イライラとうまく付き合う介護職になる！アンガーマネジメントのすすめ』中央法規出版

8）田辺有理子（2017）『イライラと賢くつきあい活気ある職場をつくる 介護リーダーのためのアンガーマネジメント活用法』第一法規

9）戸田久実（2022）『アサーティブ・コミュニケーション』日本経済新聞出版

●著者紹介

梅沢 佳裕（うめざわ よしひろ）

生活と福祉マインド研究室 主宰

一般社団法人日本アンガーマネジメント協会 認定 アンガーマネジメントファシリテーター

介護福祉士養成校の助教員を経て、特別養護老人ホーム、在宅介護支援センター相談員を歴任する。その後、デイサービスやグループホームの立ち上げにかかわり、自らも管理者となる。

2008年：福祉と介護研究所を設立し代表へ就任。介護職・生活相談員・ケアマネジャーなど実務者へのスキルアップ研修講師を務める。

2018年度：日本福祉大学助教。

2019～2022年度：健康科学大学准教授。

2019年度～現在：日本福祉大学非常勤講師。

2023年度～：明星大学非常勤講師。また、生活と福祉マインド研究室主宰に就任し、研究活動や研修講師に勤しむ。

［資格］社会福祉士、介護支援専門員、福祉住環境コーディネーター2級、一般社団法人日本アンガーマネジメント協会 認定 アンガーマネジメントファシリテーター。

■ カバーデザイン…………古屋 真樹（志岐デザイン事務所）
■ カバーイラスト…………加藤 陽子
■ 本文イラスト・図版……かけだしちゃん

介護職スキルアップブック
手早く学べてしっかり身につく！
介護現場のアンガーマネジメント

発行日　2023年 11月 25日　　　第1版第1刷

著　者　梅沢　佳裕

発行者　斉藤　和邦
発行所　株式会社　秀和システム
〒135-0016
東京都江東区東陽2-4-2　新宮ビル2F
Tel 03-6264-3105（販売）Fax 03-6264-3094
印刷所　三松堂印刷株式会社　Printed in Japan

ISBN978-4-7980-7070-4 C3036